EL NUEVO PARAÍSO

Relatos inspiradores de un cambio revelador

STEPHANIE CHANG

Copyright ©2021 Stephanie Chang
© Ilustración, 2021, de Eliana Parada

Todos los derechos reservados
ISBN 9798791523051

DEDICATORIA

Mi ilusión en la vida es poder ayudar a las personas para que despierten y logren ver todo el potencial que tiene la vida para cada uno de ellos. Quisiera inspirar ese abrir de ojos y motivar esa disciplina eterna que es la que hace nuestro crecimiento nunca cese y cada vez sea más fácil ser más, sentir más, conectar más, tener más en la vida.

Hace mucho descubrí mi pasión: cocinar y los negocios, pero hace poco encontré mi propósito... Ayudar a las personas a potenciar sus talentos culinarios y a tener éxito en sus negocios, logrando una vida abundante y de riquezas haciendo lo que más les apasiona. Y este libro es el comienzo de mi trabajo enfocada hacia ese propósito.

Confieso que es un camino largo por recorrer y que lo vivido, para mí, solamente ha sido un pequeño despertar. Me falta mucho por experimentar. Sin embargo, estoy comprometida en seguir mi ruta de aprendizaje a través de la humildad, rompiendo cada vez más todas esas creencias que me han limitado durante toda mi vida.

Nada va a impedir que sea una líder para todo aquel que haya pasado por situaciones similares a las mías.

Sé que deseas mejorar tu vida, por eso te dedico este libro.

CONTENIDO

Para mis queridos lectores 7
Mi gratitud 11
Lo difícil del éxito 19
Los inicios de *Paraíso Café* 27
Nuestros primeros 12 meses 33
La primera crisis 41
Amor por el arte 49
Un breve paréntesis en la historia 57
Reinventando Paraíso Café 65
Mi primer *approach* a las mentorías presenciales 71
¿Cerrar o vender Paraíso? - Parte 1 83
Mi zona de confort 87
¿Cerrar o vender Paraíso? - Parte 2 93
Señales que me llevaron a *un milagro* 105
¡Llegamos al momento de la pandemia! 111
El inicio de la nueva historia 117
Cambios reales: hacia mi conexión conmigo y con el mundo 121
¿Cómo logré todo esto? 129
Mis cambios y aprendizajes más importantes 133
La nueva Stephanie y los sueños que acompañan 137

Para mis queridos lectores

¡Hola! Soy Stephanie y estas son las vicisitudes de una mujer independiente y emprendedora que aprendió a sobrevivir en tiempos de pandemia. Estoy segura de que vas a *tripear* este libro y quiero decirte por qué lo escribí.

Contar mi historia no es una estrategia de venta o un medio para llevar mi nombre a la fama. Tampoco es la aspiración egoísta y narcisista de *tener mi propio libro* —que con plantar un árbol y tener un hijo me harían una persona realizada y trascendente—. Muy por el contrario, me propongo mostrarte cómo fue ese gran proceso de cambio que me llevó a hacer *clic* para tener una vida mejor.

Este es mi sueño hoy: contarte, todo lo que he vivido y atesoro, para que, de una manera u otra, pueda servirte y brindar una chispa de inspiración a tus días.

Desde que inicié con mi proyecto gastronómico de *Paraíso Café*, tuve la idea de publicar un libro de recetas como todos los chefs exitosos y pues, que también me llenaría de fama. Luego, lo pensé como método de mercadeo... Pasaron los meses y me decía, *«un día escribiré ese libro, un día me llenaré de valor, sacaré el tiempo, juntaré la inspiración y motivación para comenzar ¡el bendito libro!»* ¿Qué tan difícil podía ser juntar un par de recetas y fotos con las que ya contaba, relatar la breve historia de cómo surgieron estas recetas? Y ¡voila! tendría mi *famoso* libro que me haría una chef reconocida, un Paraíso Café exitoso, o simplemente se constituiría en una señal de que estaba creciendo y logrando cosas…

¡Pues, no pude haber estado más equivocada! Igual que con casi todas las cosas que me proponía por aquel entonces, no era el *cómo* lo que me traía problemas, era el *por qué*.

Ahora que decidí, finalmente, comenzar a escribir —cuatro largos años después—, ha sido más sencillo de lo que alguna vez pensé y es que tengo un solo propósito: ¡Contarle, a la mayor cantidad de personas que pueda, todo lo que he vivido durante estos cuatro años!

Y es que es tan intensa la necesidad que tengo de compartir esto contigo, mostrarte mi historia, el comienzo, mis crisis que no puedo dejar de escribir.

Necesito compartir contigo mis grandes y no tan grandes momentos, como aquel en el que dije: *«ya no puedo más»;* seguido por el otro en el que pensé: *«esto es exactamente lo que quiero en mi vida».*

Me propongo poner aquí esos sentimientos de profunda tristeza, empoderamiento y audacia a la vez, con la ligera esperanza de que algo bueno traerán para ti. Sé que también has pasado por esos momentos que se convierten en una montaña rusa anímica… Este es mi aporte para que puedas cambiar tu punto de vista o tus creencias que, como para mí, te ayudarán a darle la vuelta a la vida y a recomenzar tus proyectos.

Mi gratitud

Aunque mi principal compromiso y agradecimiento es para ti, mi lector, quiero dedicarle un momento a muchas personas que, aunque no lo sepan, han enriquecido mi vida de un modo inimaginable. Ellas han estado siempre allí, para ayudarme, apoyarme, retarme y ¡hacer de esta historia lo que es ahora!

Especialmente para mi Mom y Dad (Así los llamo siempre: Mom y Dad)

Mis padres no son de estos tiempos —¡obvio! — y con esto quiero decir que, para ellos que son de la generación industrial, la prioridad es la seguridad laboral, específicamente dentro de la compañía de alguien más o de la mía propia; es decir, se inclinan un poco más hacia lo *ejecutivo*, con saco y tacones.

Me dieron su apoyo incondicional cuando decidí ir por la *carrera de chef*, pero sé, en mi corazón, que se preocupan mucho porque la industria gastronómica puede parecer demasiado sacrificada. No imagino lo difícil que fue para ellos aceptar el camino que he escogido.

Sé que creen en mí y eso sobrepasa sus preocupaciones. Estoy muy agradecida y contenta: soy yo misma y trabajo en lo que realmente me apasiona y, así, voy cumpliendo cada uno de mis sueños. Gracias *Mom* y *Dad*, por no esperar que trabaje en algo que no me guste, aunque eso me hubiera dado más dinero con menos esfuerzo.

Para Gian

Me has enseñado mucho. Contigo aprendí el valor de no rendirme, porque el cuerpo y la mente pueden más de lo que uno piensa. Compartimos mucho en esta aventura de Paraíso Café, y has visto todos los cambios de inicio a fin… con subidas y bajadas siempre has estado ahí. Inclusive cuando no sabías cuál era la mejor manera de apoyarme en cada paso; siempre ahí, sin dudarlo.

Nuestros pequeños problemas en el camino nunca fueron una razón para que retiraras tu apoyo o dejaras de creer en mí, tanto en lo personal como en lo laboral.

Me hiciste sentir muy valiosa, y que tenía mucho para enseñarte a ti y a los demás… que mis consejos te eran útiles e incluso me los recordabas a mí misma, cuando se me olvidaban.

Conservo tus enseñanzas conmigo, siempre… Cuando me decías: «*tú vales mucho, cree más en ti*» o «*no sé cómo haces todo eso, no sé cómo te das cuenta de que la salsa tiene una cucharadita de kétchup junto con sus otros quince ingredientes...»*

Resulté ser más fuerte y capaz de lo que pensé. Gracias, te quiero mucho.

Para mis hermanos

Juan, aunque no vengas mucho a Paraíso y, cuando vienes, a veces traes comida de otro lugar... ¡Igual, a tu manera me apoyas! Cuando me prestaste la TV de tu cuarto, me aconsejaste que la pusiera en el salón para los clientes; cuando me mandas fotos de los restaurantes que visitas en tus viajes pensando que me servirán de inspiración para Paraíso. Cuando me dijiste que el *wifi* para los clientes debería tener un máximo de tiempo... Cuando aún después de ser operado y en medio de tu recuperación me buscaste las treinta sillas para mi evento y la carpa: lo dejaste en Paraíso, lo buscaste otra vez y lo fuiste a llevar nuevamente. Seguramente hay más cosas, pero creo que con esto captas la esencia, y ¡seguro ni te acordabas! Te quiero 😊

Liss... mi super hermana, inteligente, organizada; orientada a lo zen, a la paz y tranquilidad. Cada día veo que nos parecemos más... ¡uy! ja ja ja. Gracias por dejarme ser yo, por aceptar y por apoyar todas las decisiones que tomo, porque sabes y me recuerdas que la vida ideal es *ser feliz* y estar tranquilo haciendo las cosas a la manera de cada uno.

Todas las veces que me ayudaste prestándome dinero, dándome contactos, atendiendo a los clientes cuando ves que me buscan… ya que, como te pareces a mí, piensan que están hablando conmigo ¡Ja, ja, ja! Porque cuando viste Paraíso cerrado un día, me llamaste y me preguntaste si todo estaba bien. O cuando me mandas fotos o ideas de otros lugares, pero no te molestas si no hago exactamente lo que me sugeriste. Por ser tan buena cliente, ¡la mejor! Por las *CSI* —como llamamos a nuestras sesiones de investigación—, por las tantas veces en que me has ayudado para mis análisis, *brainstorm*, *work sessions* o como lo queramos llamar… y sé que es porque te nace, y ¡porque también te divierte!

Gracias, porque por suerte y circunstancias de la vida, somos muy parecidas y fluimos con energías similares, nos contamos cosas sin juzgar, nos desahogamos, aunque cuando estamos muy ocupadas para prestarnos atención, tampoco pasa nada.

Siento que todas las relaciones humanas deberían ser como la nuestra: intensas sobre ciertos temas, pacíficas sobre otros, pero con los límites y comunicación saludables que tú y yo hemos creado.

Tu parte salió más larga que la de Juan, pero está bien, a él no le importa. *Luv you*.

Otros agradecimientos

Para Alex, iniciamos el proceso gráfico, fotográfico y artístico; mi maestro de *Illustrator*. Amigos desde mi primera empresa de catering; sabemos que estamos ahí para el otro, aunque tengamos meses sin hablar.

A Josué. Siempre me apoyas en todas mis aventuras. Has visto mi crecimiento desde antes de Paraíso y yo he visto el tuyo. Realmente espero que sigamos siendo amigos de viejitos y que podamos contarnos estas historias de nuestros recuerdos.

Para Marlene. Con tus cuentos y tu alta responsabilidad, sé que puedo confiarte el mundo. Eres sensata y tomas decisiones rápidas y con sentido común. Gracias.

Mani, tú siempre tan ordenado; un poco tímido, con tu manera de enseñar a los chicos… gracias por tu confianza y lealtad.

Brahian, por tu forma de ser, nadie que esté cerca de ti estará triste jamás. Has pasado por mucho pero tu *joda* nadie te la quita. Gracias por tener tan alta estima de nosotros que siempre vienes cuando te llamamos.

Marlin, estuviste con nosotros por muy poquito tiempo, pero no importa, eres de esas personas que la gente nunca olvida y ¡que todos quisieran tener en su negocio! ¡Sigue tus metas y mantén tu forma de ser!

Andrés, gracias porque valoras cada vez que vienes a trabajar con nosotros; por tu admiración y porque siempre quieres aprender y crecer como persona. Nicole, Ron y Loki te extrañan. Lucha por lo que quieres, eres muy fuerte. Gracias por dar lo mejor de ti.

Para Cynthia, mi confidente, mi psicóloga y coach, mi hermana de la vida. Sabes cuánto te quiero. Has hecho y sigues haciendo mucho por mí: estoy muy feliz de que estés en cada paso grande e importante de mi vida. ¡Sigue inspirando a las mujeres!

Para Irving. Estoy realmente sorprendida de tu potencial. Has podido entender y adueñarte de creencias ahora positivas y de mucho crecimiento: todo se puede aprender, todo se puede lograr. Siempre recuerdo cuando empezamos a trabajar en el Nuevo Paraíso, los dos solitos, y cómo fuimos construyendo un concepto desde muy poquito. Cada día te superas más, en tu trabajo y en tu vida personal; y a diario sigues tomando iniciativa tras iniciativa. Siempre tendrás mi apoyo.

A Carlos y Mirelis. Gracias por crear *Business Academy*, y mucho antes de eso, gracias por creer en mí. Siento que, aunque hayamos tenido una relación a distancia, marcaron muchos momentos de mi aprendizaje; siempre puedo confiar en ustedes.

Al Sr. Jorge. Por cosas de la vida, usted fue uno de mis primeros clientes del Paraíso Nuevo. Estuvo en parte de este proceso transformador y me ayudó a concretar mis aprendizajes, porque cuando los hablaba con usted, me quedaban más presentes. Siento que los momentos de nuestras conversaciones fueron claves.

Para la Dra. Nelly, usted ha sido una grandísima parte de mi cambio. Aunque no comenzamos juntas, definitivamente, me ha acompañado en mi trayectoria y de una manera muy relevante. Le confieso que después de sus terapias es cuando más clara tengo la mente y más en paz me siento para escribir. ¡Este libro se escribió con gasolina de nuestras sesiones!

Para Mariana, mi editora que no es editora. Siento que te conocí en el momento perfecto y hay muchas cosas tuyas que me recuerdan a mí misma. Conectamos y te dije, *«hagamos este proyecto»*. Sí, porque sí. Viendo más allá de la experiencia o el título que debería tener mi editora… Valoro ese espíritu emprendedor y con tanto potencial que tienes. Más que la editora, eres mi socia en este proyecto de escritura.

A Jessica, mi *partner*. Contigo supe que una amistad puede nacer en menos de un mes, y mientras tú sientes que yo te apoyo más de lo que tú lo haces conmigo, te cuento que he aprendido muchísimo. Eres una parte clave en mi proceso para sanar —y también para asegurarte de que este libro termine de escribirse—.

¡Gracias a todos!

Lo difícil del éxito

Seguramente te preguntas cómo alcanzar ese lugar de éxito que nos hace sentir realizados y felices. Debes saber que no es tarea fácil, pero si posible.

Solo necesitas asumir un hábito fundamental: ver a tus pensamientos muy de cerca en cada momento de tu día y tratar de identificar diez oportunidades por cada queja/problema que notas.

En general, las personas ven diez problemas por cada oportunidad que se le presentan, ya sea personal, de negocio, o simplemente para realizar actividades como salir a algún sitio en plan social. Pero si creas este hábito, será muy difícil ignorar todo esto porque, cuando estas en tu tiempo a solas, logras ver que la sumatoria de tus días es prácticamente la de todos tus pensamientos y emociones... Y si a tu mente llegan cien quejas y cinco momentos de optimismo, así será el resumen de tu día.

Si durante la mayoría de mi jornada estoy enojada, culpándome a mí misma o a otros; si veo todo lo malo de las personas que se cruzan conmigo en la calle o de los carros que no me dan paso, y me impiden avanzar; si solo espero a que lleguen cosas divertidas para mi vida, pero solo tengo emociones drenantes y pesimistas, voy a sentir que vivo en el día a día, con pocos momentos de felicidad entre un mundo inabarcable de energías negativas.

Sin embargo, es muy tentador regresar a tu vida antigua y sí, aunque hayas experimentado la gran conexión contigo mismo, con el mundo… es fácil dejarlo todo y llegar a conformarte nuevamente. Eso lo hace mucho más aterrador, porque ya *conoces* la posibilidad de una vida tan *buena* y enérgica. Antes simplemente eras ignorante de un mundo de posibilidades y de cosas que puedes lograr, por lo que no te resultaba tan frustrante, pero ahora es diferente: el cambio ya empezó.

Entiendo que es difícil seguir porque, seguramente, sientes que cuando encuentras ese momento *¡aha!* todo fluirá sin esfuerzo y ya no tendrás días malos. Pues te cuento, ¡sí los tendrás! Sí deberás ajustar muchas cosas, releer ciertos libros, tomar acciones difíciles en tu vida. Pero si esperas un cambio para que todo sea fácil ya y tener repentinamente lo que has querido en la vida, sin trabajar duro, ese cambio no llegará: aún actúas con tus condicionantes de siempre, no te has comprometido de verdad.

Todo tiene su costo, tú decides cuál quieres asumir: el de ser un estudiante eterno, conocerte y hacerte preguntas difíciles, o el de nunca avanzar, y ver cómo pasan los años sin que hagas nada diferente, por miedo,
o porque te rendiste muy fácil.
Si quieres darle un chance al crecimiento personal te espero con los brazos abiertos.

Solo te diré: trabaja duro, pero en las cosas correctas. Trabaja en configurar sistemas, en crear un entorno donde sea más difícil volver a tu vieja versión. Trabaja en tu persona, tu carácter, tus talentos... *tú* puedes lograrlo.

Redefiniendo mi concepto de por qué estamos aquí

Días atrás, mientras todavía trabajaba en este libro, veía un video sobre por qué estamos aquí y de qué estamos hechos. Diferencia controversial, si las hay... Y, aunque no sé mucho sobre el tema, algo llamó mi atención. Y es que, en el video, el muchacho que exponía decía que, si según la ciencia, no hubo un ser más grande y poderoso que nos creó a su semejanza, y que, resumiendo la teoría de Darwin entre otras, venimos de los animales y nuestra biología se puede entender por medio de la ciencia, no hay otra razón de ser del humano más allá de que hemos ido evolucionando y simplemente somos una versión mejor de nuestros antepasados, y punto. Pero, luego se plantea lo espiritual. Y el mismo protagonista reconoce que–somos una evolución, estamos hechos de carne y hueso, tenemos neuronas, piel, venas y sangre y muchos de nuestros impulsos básicos son controlados por medio de nuestro cerebro y el instinto de sobrevivir.

Pero ¿qué hay de nuestros talentos? ¿qué hay de nuestros sueños y deseos? ¡No puede ser posible que todos tengamos anhelos diferentes, que se extienden mucho más allá de sobrevivir! Los humanos todos somos diferentes, pensamos distinto y muchas veces sí, ha sido por la experiencia que hemos vivido, pero ¡qué me dices de ese deseo, ese *hobby*, eso que tanto amas y te apasiona que no se puede explicar con la ciencia! Y esto es lo que el chico del video dice que es la parte espiritual.

Todos en este mundo vinimos para llevar nuestras pasiones y talentos a su máximo potencial para ayudar, para servir, para trabajar con gente igual a nosotros, para compartir, enseñar e inspirar y para vivir una vida llena de riquezas alineadas con las cosas que más disfrutamos. Puede que esté equivocada, pero esa es mi manera de pensar ahora.

Si dentro de ti
hay algo tan
fuerte, que
sientes que lo
tienes que
apaciguar para encajar o para vivir en la
normalidad de tu entorno, entonces
estás en un lugar
al que no perteneces, con una
mentalidad que no es del todo *tú*.
Merecemos ser esa persona que se nos
da tan fácil y natural ser,
¿por qué conformarte con ser
algo distinto a eso?

Los inicios de *Paraíso Café*

Vayamos al principio de la historia... Comenzaré por contarte cómo comenzó todo. La creación del concepto de Paraíso Café se realizó en menos de tres semanas y ¡es que para mí esto fue la parte más fácil!

Para que comprendan mejor la magnitud del cambio por el que he transitado hasta hoy, te cuento un poquito de lo que he hecho hasta llegar aquí.

A mis XX años fui a Miami, a *Johnson and Wales University* para hacer realidad mi sueño de ser una *chef y administradora de restaurantes*. Y tras un largo recorrido laboral, Paraíso Café surgió como la representación de todo lo que busco en un lugar y de lo que deseo que las personas tengan también a su disposición a la hora de elegir una propuesta gastronómica. Desde la comida, que para mí es lo más básico de la humanidad; nos une como familias, como culturas. Despierta en nosotros la curiosidad de conocer otras cosas, provoca esa osadía que se necesita para salir de nuestra zona de confort.

El hecho de que la comida sea un idioma en sí, a través del cual persona desconocidas pueden sentarse en la misma mesa y tener diferentes experiencias, pero, aun así, conservar cierta unicidad de entendimiento, ¡es lo que más me fascina! La capacidad de traernos a casa o llevarnos a diferentes lugares en el tiempo; momentos con otros, vivencias felices, tristes, o como seas que te sientas. desde que das ese primer bocado hasta cuando quedas con tu plato vacío.

Para mí, la comida es todo, lo representa todo y es capaz de formar una comunidad entera sin prejuicios y sin limitaciones. Veo en ella vida, tranquilidad y comunidad; y eso es lo que quise expresar a través de nuestro espacio en Paraíso Café. Queremos poder transmitir esos bonitos sentimientos desde los sabores a las presentaciones y el ambiente para que, no solo al probar ese bocado, sino que desde que entras por la puerta, sientas ese abrazo de una familia que espera con ansias recibirte y darte todo lo que necesitas.

En términos de concepto, ¡un sitio que lo tuviese casi todo para cada una de las personas que nos eligen! Desde comida variada y deliciosa hasta cafés de especialidad y postres. Espacios para conectar, contar historias, realizar eventos, crear memorias inolvidables.

Ya ven que todas las decisiones fueron fáciles de tomar porque por suerte ¡¡yo era mi propio cliente ideal!

Nunca olvido cuando le pidieron la mano a una chica e hicimos todo un plan, incluso horneamos un *cup cake* para poner dentro el anillo, creo que planificamos varios días antes. Sin ahondar en los detalles aquí, solo mencionaré que me dije a mí misma:

«En Paraíso Café realmente puede ocurrir cualquier cosa».

¿Por qué el nombre Paraíso?

No tardé mucho en escoger el nombre Paraíso ya que teniendo en cuenta el tipo de comida; la vibra que quería dentro del local; la comunidad que deseaba crear; el estilo tropical y, más que nada, el *feeling* paradisíaco que todos nos merecemos. Estar en un sitio lleno de cosas que te nutran por dentro y por fuera, un entorno familiar y, a la vez, curioso e interesante del cual no te vas a aburrir… eso, para mí, fue el sentido que quise darle a la creación de un *paraíso*.

¿Por qué la fusión de *Menú Thai Caribeño*?

Al hablar de los platillos culinarios como una expresión destacada de la cultura, obviamente la cocina panameña juega un rol muy importante, pero también tomé en cuenta que Panamá es multicultural. Mi país tiene múltiples cosas lindas que ha tomado de muchos otros y esa realmente es nuestra esencia: la de los panameños. ¡Me tienes a mí como ejemplo! Entonces dije, «*¡Guau! qué curioso y qué lindo sería tomar la comida del Caribe, donde está Panamá y darle ese toquecito exótico, digno de una experiencia diferente tipo Paraíso…*» Traer a la mesa esa emoción por lo diferente, lo desconocido y por lo nuevo para degustar.

Tomando el sitio, el nombre y, más que nada, pensando en los ingredientes predominantes de la cocina panameña y caribeña: los plátanos, el mango, los ajíes, picantes, el ajo, los arroces, coco, tamarindo, cítricos, curry, comidas con mucha salsa, comidas de olla, algunos mariscos, mezcla de sabores y mezcla de hierbas... pensé en la cocina tailandesa y ¡boom! todo tomó carácter y fuerza e incluso dije... *«esto parece un mini Bali en medio de la ocupada ciudad de Panamá»*.

Juntaba absolutamente todos los sentidos que quería agudizar y, fundamentalmente, —como todo tiene que pasar por el *criterio Stephanie*—: ¡este sería un lugar del cual no me quisiera ir nunca! Y, si fuera poco, me toca trabajar todos los días ahí, ¿qué más puedo pedir?

Fue el inicio de un sueño hecho realidad, ¡pero agárrate, que lo siguiente no es tan de ensueño!

Nuestros primeros 12 meses

¿Estás agarrado? ¡Bueno! Tuvimos muchos *fiascos* a la hora de contratar al personal que se ocupó de partes de la decoración y ejecución del local en sí... entonces, ya puedes imaginar el resto.

Por muchísima suerte, contaba con quien en ese momento era mi pareja —porque ya no lo somos—, y a quien ya agradecí infinitamente por haberme apoyado y ayudado tanto, con sus conocimientos de arquitectura e ingeniería; con su malicia y pies sobre la tierra... Con su incondicional apoyo; con la emoción que me contagiaba en todo lo que hacía y con su manera de tranquilizarme cuando las cosas no salían como yo esperaba...

Hablemos de Gian: una persona determinada a ir por lo que quiere, a veces con obsesión para aprender eso que tanto desea y para saber el porqué de todas las cosas.

Le encanta la mente humana y analizar es uno de sus talentos, tal vez podría ser psicólogo porque le gusta mucho indagar en el pasado para encontrar las pistas de ciertos comportamientos. Sé que él está leyendo y podría estar diciendo: «*¡Guau, qué precisión, diste en el clavo!*»

Cuando estaba en proceso de abrir Paraíso, su preocupación, a veces más elevada que la mía, me hacía sentir que no estaba sola en esto... Claro está, siempre se mantuvo dentro de sus límites para darme también esa fortaleza y confianza en mí misma, en que estaba demostrando gran carácter e independencia para enfrentar cualquier cosa que se me cruzara en el camino.

En lo que respecta a la remodelación del local, el trauma ha sido superado, por lo que cualquier experiencia que puedo evocar resulta graciosa, aunque inevitable para poder aprender... y tomar mejores decisiones la próxima vez. Decidí quedarme con las enseñanzas — tipo *despertar de la ignorancia*— que he tenido el placer de recibir con los brazos abiertos, solo después de varios tropiezos.

Volvemos a lo importante: *Paraíso Café*... un nuevo comienzo, mi primer proyecto grande, a mis 26 años, cuando todavía sentía que estaba descubriendo lo que el mundo y la vida tenían para mí.

Mis talentos y mi pasión por la cocina era lo más grande que tenía. Esa ilusión innegable de que todo va a salir bien, de que tu producto va a ser el mejor, de que vas a recibir muchos clientes, de que va a ser difícil, retador, pero cada mes vas a ver más y más ganancias para invertir en tu negocio y para tener una vida soñada como empresario. Una ilusión de que vas a aprender mucho, con el tiempo, y que la experiencia va a ser lo más valioso de este viaje.

Un mundo nuevo por descubrir, por conocer, muchas decisiones importantes que tomar. *«¡Guau!»*, me dije a mí misma, *«¡para esto me he preparado y va a ser una súper-mega aventura!»*

Finalmente, con mis propias directrices, con mis decisiones, mi visión, mi concepto… definitivamente, con el poder en mis manos de brindar sonrisas a través de mi comida, ¡a través de mis ideas! Eran sensaciones muy emocionantes, tanto de mucho poder y orgullo como de miedo a lo grande y desconocido, que no todo el mundo tiene el placer de conocer.

Desde antes de iniciar, tuvimos una muy buena respuesta a nuestras estrategias de preapertura y una bienvenida a la industria de las cafeterías. Tuvimos un crecimiento progresivo, incluso muy rápido por momentos.

Manteníamos el local lleno la mayoría de los días; la gente, muy feliz y los comentarios, satisfactorios. Los platos del menú asombraban a muchos, la decoración cumplió con su cometido de dar ese *feeling* inspirador y de comunidad; la familia y los amigos, todos muy orgullosos y felices de lo que era el proyecto… Tú sabes, ¡todo lo que podemos esperar de una muy buena recepción y, lo que parece ser un gran impulso desde el inicio, encaminándonos hacia unos años de éxito en el Paraíso!

Tú dirás, *«Pero ¡qué bueno suena todo esto! Es lo que todo empresario quisiera ver ¿o no?»* Entonces, ¿dónde está el fallo o la crisis?

Pues, la crisis se desató porque, detrás de todo eso, nada estaba realmente *funcionando* y hago énfasis en esta palabra: me di cuenta de que clientes felices y negocio explotado no es la garantía o la definición de que tu concepto o negocio está funcionando. Y creo que tal vez tú, si estás comenzando, puedes conectarte con esto. Se ve lleno, se ve movido, hay órdenes que entran y platos que salen; los clientes traen más clientes, todos hablan bien de tu comida y tu local… pero ¿dónde quedan las ganancias?

Así lo viví muy poco después de iniciar, casi de inmediato. En Paraíso, vimos la mayoría de los días llenos; la gente entraba y salía, los eventos llegaban uno tras otro... Recuerdo un momento en que teníamos casi cuatro por semana, ¡una locura!

Puse mis talentos y mis capacidades al límite, mis esfuerzos y los de mi equipo entero eran innegables, ¡cualquier persona que pasara por nuestro local podía ver lo mucho que estábamos trabajando y las verdaderas ganas de salir adelante que teníamos!

Yo agradezco mucho, aunque no los mencioné en este libro, al primer equipo que tuvimos. El que vino con todas las esperanzas a formar una familia para salir adelante con un concepto nuevo.

Doy gracias por todo lo que aprendí de ellos, y por lo mucho que me retaron, además de darme a entender cada día que mis acciones valían, que mi responsabilidad era diez veces más de aquella a la que estaba acostumbrada, porque en esta nueva vida, la gente dependía de mí... ¡algo que sabía antes de emprender, pero que realmente no había internalizado!

Inyectábamos capital casi todos los meses —con muchísima ayuda de mis padres o de otros *side jobs*—, ya sea para cumplir con las obligaciones. Tenía la idea de que estaba invirtiendo y que pronto llegarían los frutos y el éxito inmedible. O inyectábamos capital con la pretensión de que había que mercadear más para ganar más tráfico... pero ¿más tráfico? ¿cómo? Si ya no teníamos la capacidad operativa —en la cocina, de personal— para esos clientes nuevos. Más personas significaba un escalón hacia abajo en cierto nivel de perfección que yo quería lograr y mantener.

En fin, mis esfuerzos creativos ya estaban en un punto donde había que hacer cambio de cocina, agrandar espacios, llenarnos de más mesas y sillas, incluso incrementar las horas de funcionamiento en el día. Y, lógicamente, todo esto conllevaba, incluso, una mayor inversión y aumentaba los gastos operativos. Parecía que era un ciclo interminable de generar ideas para llevar nuestro negocio al éxito y yo no estaba lista para tirar la toalla... ¡las cosas que uno hace por amor y por pasión! Y vaya que fui perseverante...

¿He captado tu atención...? ¿Te has visto a ti mismo como emprendedor en algunas de estas circunstancias? ¡Por cierto, muchas gracias por haber llegado hasta aquí!

Hago lo posible para transmitir esta historia con muchísima honestidad y trato de canalizar las emociones y pensamientos de esos momentos, para que tú, también, lo puedas sentir y vivir a medida que lees este libro. Pues en la vivencia de un caso concreto, está la posibilidad de adquirir parte de la propia experiencia que se necesita para afrontar los nuevos retos que nos proponemos.

La primera crisis

Perdimos muchos clientes porque el local se llenaba y cometíamos muchísimos errores, retrasos, caos... Claro, ahora sé que debo responsabilizarme y que culpar a que *teníamos demasiados clientes* es solamente una excusa más. Vendíamos mucho, pero nunca me sentí a gusto: dejaba de ofrecer ese espacio inspirador, tranquilo y ameno que quería desde un principio. Por el contrario, por mucho tiempo nuestro sitio fue caótico, frenético, apurado, apretado; estábamos muy lejos de ofrecer un *paraíso* como era mi concepto inicial.

Otra falla fue que no reteníamos clientes; simplemente funcionábamos con otros nuevos todo el tiempo, sin conformar una base de datos, sin realmente conocer a nuestros usuarios para seguir prestando más servicios.

Lo único que les ofrecíamos como beneficio a quienes asistían recurrentemente era un cambio de menú, con cosas nuevas todo el tiempo, lo cual hacía nuestra operación más demandante y con mucho margen de desperdicio de insumos. ¡Claro, la natural consecuencia de todas las pruebas que hacíamos, más el tiempo invertido en ello!

En el tema de las ventas y del mercadeo, nunca creí que debía contratar pautas publicitarias y, mucho menos, pagar por artículos, menciones, material de apoyo en las calles para atraer y retener a nuestros clientes ideales.

Estaba en ese ciclo que ahora reconozco como *ego*, donde pensar que con tantos lugares buenos en Panamá —que contaban con diversas estrategias orgánicas y de pago, que pautaban grandes cantidades de dinero—, Paraíso, de igual modo, iba a relucir, aunque solamente nos basáramos en *word of mouth* y crecimiento orgánico.

Creía que las personas iban a rechazar a todos los negocios que les aparecían primero a través del *SEO* (Search Engine Optimization)[1] y de campañas de marketing semi agresivas... hasta, finalmente, llegar a nosotros. ¡*Ego* es la palabra!

Tampoco entendía el valor de decirle *no* a esas personas que no eran nuestros clientes ideales y que tomaban más tiempo y esfuerzo que la ganancia que dejaban. Como negocio nuevo en el mercado, queríamos decirle que *sí* a todo y a todos.

Dejamos de lado nuestra capacidad de ofrecerle el 100% a nuestros clientes verdaderos, ubicando así, por mucho tiempo, a nuestro nicho de mercado fuera y manteniendo

---

[1] Nota de la autora: SEO (Search Engine Optimization u optimización en motores de búsqueda) es un conjunto de opciones orientadas a mejorar el posicionamiento de un sitio web en la lista de resultados de los buscadores de Internet.

solamente a aquellos que venían por descuentos y por artículos gratuitos. Al final sabrás que una vez que quitas los descuentos, los clientes se van al próximo local que se los ofreces y, de ese modo, dejan de consumir en tu negocio.

No estoy haciendo comentarios necesariamente negativos en contra de tener promociones, beneficios gratuitos y/o descuentos. Simplemente me he dado cuenta de que, si tu principal estrategia de mercado es bajar tus precios, eso es lo único que van a percibir tus clientes, y no tu valor.

Ahora sé que *el que mucho abarca poco aprieta*; aprendí muy bien que no puedo agradarle y llegarle a todo tipo de personas, sino a mis clientes ideales. A ellos puedo brindarles beneficios, productos o facilidades más allá del dinero, y estar segura de qué necesitan en sus vidas.

Por una parte, debía aceptar que no podíamos con la capacidad y el menú que nos estábamos exigiendo para todos nuestros clientes. Pasaba muchas horas de mi semana con libros nuevos, recetas innovadoras, viendo platos y presentaciones y buscando inspiración.

Luego, venía la parte de buscar los insumos con varios proveedores, a través de interminables reuniones en persona —antes de la pandemia todo era presencial y demandaba tres veces más del tiempo que realmente se requería—, buscar la mejor calidad con los mejores precios, preguntarle todos los conocidos y pedir recomendaciones, en fin… muchas cosas que llevar a cabo, metas que ahora veo que no eran las más relevantes para el éxito de mi negocio.

Además, estaba la mano de obra. Mi equipo también trabajaba mucho en la ejecución de las recetas; en probar diferentes marcas de insumos para ver la calidad de cada uno o en quitar tiempo a otras tareas de producción para realizar las pruebas de los menús nuevos.

Era un proceso que se repetía muchas veces, con la esperanza de que nos diera más valor como negocio y de generar más ventas y tráfico de clientes. Pensaba que, mientras más crecíamos internamente, solitos íbamos a atraer a la cantidad de personas que nos llevaría al incremento externo.

A duras penas aprendí que un menú súper extenso nos hacía propensos al fracaso, ya que atrasaba muchísimo el nivel operativo y, a veces, impedía que entregáramos productos de calidad en los tiempos óptimos. Cuando descubrí esta situación, comencé a quitar platos del menú y a estandarizar parámetros para volvernos más eficientes. Pero luego, los clientes pedían nuevamente aquellos platos y volvía a incluirlos, a costa de comprometer la energía del equipo y a toda la operación. Básicamente era un ciclo de complacencia para los clientes y sacrificios por nuestra parte: no me daba cuenta de que esta era la raíz del problema.

Trabajábamos todos sin parar, esperando que ese esfuerzo diera su fruto. Hice muchísimas actividades, no necesariamente productivas, porque pensaba que así era *la vida del emprendedor* y *el precio de tener un negocio propio*. Por otra parte, ese miedo de decirle *no* a las personas sumaba una presión innecesaria para hacer mil cosas en una, agregando así más tareas a la lista interminable que ya tenía, para solamente sostener el negocio. En este punto, aún luchaba por ver resultados estables y poder visualizarlos traducidos en crecimiento y en un mayor éxito.

Desde mi *emprendedora interna* y frustrada ya no sabía dónde empezaban y dónde terminaban mis semanas. Como resultado, vivía descuidando mucho a mi equipo y a mi propia persona. Mis prioridades de descanso, crecimiento y desarrollo quedaban en el último lugar de mi lista, junto con las metas... Todo esto, para descubrir que eran mis propias creencias las que me limitaban, porque ponerme como prioridad hubiera sido la clave para empezar a ver el norte en mi camino, pero esto no sucedió hasta mucho tiempo después.

Y te doy un pequeño *insight* que tal vez ya sepas, *sí* se puede hacer que todas tus situaciones sean un *win-win* para ti, para tus colaboradores, para tu cliente y para tu negocio. Realmente, para complacer no hay que sacrificar. Puedes satisfacer las expectativas del otro hasta un punto límite y también reconocer que, si estás sacrificando áreas fundamentales de tu negocio pensando que esa es la única manera de surgir, nunca vas a hacer que *funcione*.

En este punto, te invito a que repases cuidadosamente las partes esenciales de tu negocio y que hagas una lista de aspectos o elementos no-negociables; es decir, aquellos que, pase lo que pase, no son flexibles; llámalos *políticas de la empresa*.

Desearía que alguien me hubiera dicho esto antes, aunque pensándolo bien lo escuché toda mi vida, pero no lo relacionaba con mi negocio:

«Stephanie, ponte a ti primero, y el resto caerá como magia en su lugar. Piensa muy bien en tu concepto y qué es eso que quieres darle a tus clientes, y si sientes que debes sacrificar eso para tener éxito, hay algo mal en tu ecuación. Y aconsejo que no sigas hasta revisar, ajustar y tener tus políticas de la empresa no-negociables. También haz esto con tu vida personal.»

Tal vez sí me lo decían, pero uno no hace caso hasta que le llega su momento, ¿por qué seremos tan necios?

Amor por el arte

Quedamos en que trabajaba mucho, sin obtener buenos resultados tangibles.

En este punto, no sabía qué hacer... Seguí con la mentalidad de que debía trabajar más, debía ser mucho más creativa, dedicar más horas, esforzarme, darle aún más a los clientes de lo que ya les estaba dando, aunque eso significaba sacrificar mi tiempo, mis prioridades y, en última instancia, mi esencia. Pensaba que lo que estaba haciendo se llamaba *amor por el arte*: trabajar mucho y muy duro sin ver frutos, pero hacía lo que amaba... También que había muchos que, como yo, seguían el mismo camino que había decidido tomar.

Creo que allí fue donde pude conectarme con otros colegas y emprendedores. Juntos veíamos cuáles tendencias seguir, cómo ser óptimos, mantener a nuestros clientes felices, para hacerlos regresar y atraer nuevos. Era un ciclo interminable de grupos, reuniones, charlas... donde, principalmente, compartíamos la lucha que nunca parecía cesar.

Muchas veces, estos encuentros, servían para desahogarme del día a día, para ver que no estaba tan mal en las cosas que hacía, sabía que la situación económica del país necesitaba mejorar. Los clientes debían salir y gastar más; buscaba cualquier excusa excepto la de tomar la real responsabilidad entre mis manos.

En la trayectoria de Paraíso Café realicé muchísimos eventos y talleres. También bazares y ferias gratuitas, para atraer a más clientela. Por supuesto que intenté entrar en revistas y segmentos de TV... y no podían faltar las ofertas de *Degusta*, Oferta Simple, *Gustazos*... Promociones de bancos, otras para dueños de teléfonos Samsung. En ese camino, acepté muchos términos que en realidad me perjudicaban, pero, personalmente, lo veía como una estrategia de mercadeo. Eran algo necesario para que, cuando esas ofertas se terminaran, *Paraíso* tuviera esos cuatrocientos o quinientos clientes regresando por la buena comida, el buen servicio y ambiente; sin embargo, me quedé esperando.

Quise también atraer a la comunidad de emprendedores; les ofrecía un espacio para ser el *hub* de sus talleres, reuniones, eventos, etc. A la vez, les brindaba un lugar de *networking* donde, a veces, ni siquiera pedía más de lo que costaba una taza de café, y ¡le colocaba un descuento!

Busqué promover, y tener en nuestra barra. una cantidad de productos locales, como una linda manera de apoyar a otros emprendedores a través de nuestro espacio.

Me conformé con satisfacer a todas las personas que venían, bajo sus propios términos e incluso permití la organización de eventos que se extendían ¡hasta 2 horas más de lo estipulado! Y claro, esas personas les contaban a otros su experiencia, pero la recomendación era sobre el precio y con eso me quedaba. Para muchos, *Paraíso*, era un sitio casi gratuito por muchas horas, y cuando se extendían, tampoco hacía nada... todo era parte de complacer al máximo a los clientes.

No pienses que ya no recurro a estas estrategias o que no recomiendo hacerlas. De hecho, continúo con ellas, pero ejecutadas de la manera correcta, con intencionalidad, conforme unas políticas bien definidas y dirigidas a los clientes que conforman mi nicho de mercado.

No dejé de recibir a otros emprendedores como uno de los segmentos de público, ni abandoné las promociones en ciertas plataformas. Tampoco dejé de satisfacer a algunos clientes que, ligeramente, se salen del nicho. ¡Seguí también apoyando lo local y siendo muy solidaria con muchas marcas panameñas de una diversidad de productos! Pero todo lo hago desde otra perspectiva.

Entre talleres, eventos y demás parecía que se hacían mil cosas a la vez... Sin embargo, yo decía, *«no puede ser que aún no hayamos encontrado ese ¡ajá!»*. Esa era la manera de dejar el negocio simplemente corriendo con los sistemas que hemos creado... entre el mercadeo que hacíamos. Involucré a un equipo totalmente capacitado y capaz de contratar y formar a cada colaborador que se incorporaba, con menús nuevos cada tres meses, un sistema de búsqueda de proveedores y mejores precios, creación de eventos, talleres, siguiendo los temas de conversación que se iban presentando en la sociedad para no quedarme por fuera, y muchas más cosas.

En ese momento, estos elementos parecían ser la combinación correcta y hacían suponer que aquello que faltaba era más fuerza laboral, tiempo para hacer todas estas tareas diariamente y fuerza de inversión para inyectar más mercadeo y contratar a especialistas que me asesoraran en varias áreas.

Trabajé por muchos meses con este sistema —cuando era más bien un caos—, realizando yo misma muchas actividades ya que todavía no podía concretar o buscarle una rutina específica a las mil estrategias que estaba ejecutando —y que estaba convencida de que eran la respuesta—. No me sentía segura de contratar a otros porque sentía que no iba a poder transmitir lo que yo hacía y ¡uno de mis miedos era que iba a perder el control! No entendía, en ese entonces, que nunca lo tuve realmente.

Me seguía repitiendo a mí misma que esta era mi carrera, el camino que había escogido y que así iba a ser por mucho tiempo. La ilusión con la que inicié Paraíso Café lentamente se alejaba cada vez más; ya no recuerdo la última vez que pensé en grande y esto es porque el día a día y las mil cosas que me proponía, tratando a la vez de ser más productiva y eficiente para tomar múltiples tareas bajo mi mando, me nublaban y no me dejaban soñar como lo hacía —y como nunca debí dejar de hacerlo—.

Tenía la aspiración de ser la propietaria de varios Paraísos en otros países, para luego moverme al siguiente proyecto, multiplicarlo y tal vez franquiciar Paraíso e ir construyendo una historia de mucho éxito.

Seguramente mis padres estarían dándome la razón. Muchas veces me comentaron que sería mejor si me busco un trabajo *real,* seguro; un empleo con alguien que ya tenga una empresa muy bien establecida y, probablemente, en otros ámbitos, fuera de la industria gastronómica.

Recuerdo muy bien escucharlos... «Stephanie, tú serías muy buena en banca, escucho que pagan muy bien por ese trabajo». O comentarios como: *«¿Antes de estudiar chef querías estudiar arquitectura? Mmm, no suena como una mala idea».* Sin contar las muchas veces que diferentes personas, preocupadas por mi salud, por mi esfuerzo y al ver que Paraíso Café no tenía el éxito rotundo que había idealizado desde un inicio; me preguntaban cuál era mi *plan B* y *plan C.* Eso incluía frases del tipo: *«¿cuándo piensas en vender el negocio?»,* o *«¿por qué no piensas en desistir y estudiar alguna otra cosa?»* Muchas veces, incluso decorado con los usuales comentarios de *«no todo el mundo puede administrar un negocio y no pasa nada, lo intentaste».*

Y realmente a todas esas personas les quiero decir ¡gracias! No coloco esto aquí como alguna manera de enojo o de rencor alguno. Por el contrario, en su momento, fue muy reconfortante saber que tenía a personas pensando en mí y en mi bienestar. Pero, como parte de mi crecimiento personal, descubrí que uno tiene que mirar más allá de todo eso y responsabilizarse. Ahora pienso, si yo tengo este deseo en mi alma y mi corazón, qué es lo que estoy haciendo mal y cómo voy a sobreponerme a este escalón en mi vida: le otorgué más poder sobre mí del que debía.

Y lo más importante: *el amor al arte* no puede ser mayor que el amor a mí misma. De hecho, ¡debería poseer ambos!

Todos tenemos el derecho y el poder de alcanzar una vida deseada, ¿será fácil? Por supuesto que no, pero ahora entiendo que, si lo deseas y te lo propones, con un plan enfocado de lo que realmente quieres, estás destinado a tener éxito... Siempre y cuando te dispongas a pagar el costo, que casi nunca es trabajar como burro día y noche, sino cambiar tu manera de pensar.

Muchas veces, pensamos que debemos conformarnos, ya sea por nuestra historia, por todo lo que hemos visto o escuchado de otras personas, por lo que nos han dicho nuestros mentores desde edades tempranas, porque son nuestros padres y los seres a quienes más admiramos. Si has llegado hasta aquí te digo: nada de eso es cierto. ¡Por favor, no te conformes!

Un breve paréntesis en la historia

Estaba aún en mi mentalidad y en mis hábitos de siempre. Esforzándome, y tratando de encontrar, por lo menos, un balance entre mi *amor al arte* y a una vida que me diera, mínimamente, espacio para respirar, crecer y, aunque sea, ¡un poco de ganancias! Me las merecía.

Vi la ligera oportunidad de mantener todo bajo control y me arriesgué... —porque pienso que de eso se trata esta vida, de los riesgos—.

Ya estaba a varios años de la apertura de *Paraíso*. Contraté a un asistente que colaboraba conmigo en la mayoría de las tareas que formaban parte de mi día a día, incluyendo mi agenda con muchísimas reuniones.

Me ayudó con actividades como ingresar las facturas, contactar a los proveedores, pedir todo tipo de cotizaciones en varias empresas. También alivió la carga que representaba para mí escribir los memos y contratos para el personal, comunicarles todos los cambios, las novedades. Incluso se ocupó de un tema crucial, pero, a la vez muy delicado como fue, en un determinado momento, prescindir de casi todo el equipo de trabajo de Paraíso Café.

Orlando, mi joven y vigoroso asistente, me ayudó con el diseño de la logística para lanzar nuestros productos de *merchandising*: cuadernos, agendas, bolígrafos, termos de Paraíso. Colaboró con la búsqueda de otros emprendedores con quienes podría realizar proyectos en conjunto como alternativa para conseguir personas que nos conocieran y se convirtieran en clientes frecuentes.

No fue un período fácil; tuve muchos tropiezos a la hora de la capacitación, pero mi objetivo siempre era ¡sacar Paraíso a flote y ver qué más podía inventar!

En la parte de ventas y mercadeo, me enfoqué en aquello que podía generar más ingresos pasivamente. Necesitaba seguir en el ciclo mientras *llegaba* la respuesta definitiva: esa fórmula perfecta que haría de Paraíso Café un concepto perfectamente rentable, con más sistemas y menos necesidad de tenerme *en el piso* —en referencia a *on the floor* que es cuando alguien está trabajando físicamente en el restaurante—.

Con la ayuda de Orlando liberé un poco de mi tiempo y así conseguí otro trabajo. En ese momento, lo vi como una oportunidad para poder inyectarle más dinero a Paraíso —ya sea en mercadeo u otras inversiones que consideraba muy necesarias—.

El nuevo trabajo me recordó a mi pasado, cuando realizaba consultorías para restaurantes y ayudaba a optimizar todo el sistema, a capacitar en áreas de cocina y de atención al cliente, a generar menús nuevos, a organizar temas de logística, administración y demás.

Como ven, muchísimas cosas pueden pasar en cuatro años, y como referencia les voy a contar el caso de un cliente muy particular. No voy a divulgar sus nombres ni restaurantes porque siento que la privacidad es sumamente importante. Además, aunque los protagonistas no lean este libro estoy segura de que, en su momento, se dieron cuenta de lo equivocado de algunas de sus decisiones, y lo desalineados que estaban en cuanto a su proyecto y sus limitaciones. Muchos de ellos eran de naturaleza externa, porque tenían fuerza laboral y diversidad de recursos; otros se presentaban bajo la forma de creencias muy internas con relación al miedo y la resistencia a cambios, entre otras cosas.

Me habían contratado para analizar sus operaciones y elaborar estrategias, con la finalidad de maximizar la rentabilidad de la cadena de restaurantes que tenían en ese momento. A mí me encanta ese trabajo: buscar entre muchísimos datos y analizarlos de tal manera que veamos, no solamente las fallas, sino todas las oportunidades que se pueden lograr simplemente con la mentalidad correcta, con decir *«hagámoslo»* y delegar cada una de las partes del proyecto.

Los socios fueron bastante receptivos a todas las fallas operativas que se presentaban, obviamente expresando sus puntos de vista desde su experiencia, hasta que acordamos algunas cosas que decidieron *tratar de cambiar*.

El potencial que yo le veía, y le sigo viendo, no era algo de otro mundo. Por ejemplo, cambiando de un proveedor a otro distinto ahorrarían unos siete mil dólares al mes en solamente una de sus tiendas —ellos tenían una cadena de restaurantes, pero solamente trabajamos en una—. Pregúntame si quisieron cambiar de proveedor y pasar por un periodo incómodo, pero muy temporal, para luego ahorrarse todos los meses futuros esa cantidad de dinero —repito, por esa sucursal solita—. Pues, no.

Muchos cambios que se podían hacer dentro del mismo esquema laboral, con algunos puestos innecesarios que solo entorpecen el flujo y la operación, otras áreas que se podían aprovechar más y que por falta de *tiempo* o de organización, eran desaprovechadas…

En fin, entiendo ahora que la mentalidad puede más que cualquier recurso que uno tenga; si no te propones trabajarla y sigues haciendo todo exactamente como lo has hecho hasta ahora, no puedes esperar un resultado distinto.

Luego, mientras se hacían algunos cambios, pero ninguno realmente relevante, me contaron de un proyecto nuevo que querían lanzar. Eso incluía trabajar en el concepto de inicio a fin, con las recetas, personal, equipos y manejo de producción y organización. Debía considerar temas muy importantes como el tipo de comida que se manejaría; el estilo de servicio, el tiempo de entrega de los platos, que podía ser simultáneo o bien a sus propios tiempos, como algo más casual y rápido. Al fin y al cabo, logramos un menú adecuado —una combinación entre algo súper rentable y algo delicioso—, con un nivel de capacitación de personal no tan alto y con la cantidad ideal de colaboradores para que el concepto pudiera fluir siendo rentable y a la vez muy popular, en el área de su ubicación y para el segmento de público que se deseaba.

Semanas después, cuando faltaba realizar reuniones con algunos de los socios que no habían participado de las instancias iniciales, y de un día para el otro, quisieron dar un giro de 180º en el menú. Ello significó que estaba dirigido a un cliente diferente al que habíamos acordado, con un concepto distinto y, por ende, precio por plato, equipos, colaboradores, flujo, también diferentes. Pero, en resumen, el objetivo de los socios realmente era tener las ganancias del concepto *A*, con gastos operativos del concepto *B*.

Te lo pongo un poco más entendible: querer el cliente que paga más, mientras se opera para la capacidad de un cliente que no paga mucho. Y entiendo, a veces lo quieren tener todo, pero por una razón muy grande contratan a un tercero para que les planifique y muestre sus estrategias y cada consecuencia de ellas; sin olvidar que, en ese punto, su deber era responsabilizarse. Te imaginarás que ese proyecto no funcionó…

Quise relatar este episodio porque, aunque no tenga tanta relevancia para mi aventura en Paraíso Café, si la tiene para ejemplificar una situación particular. Puedes tener todos los recursos externos: un equipo operativo inmenso y administrativo, más de 15 años de experiencia, muchas mentes capaces para tirar ideas a la mesa, incluso pagar por una consultoría para que te explique qué se puede hacer para cada concepto... Sin embargo, si no tienes el enfoque correcto o el alineamiento con tu concepto, producto y cliente, los recursos por sí mismos, no te ayudarán en lo absoluto.

En cuanto al dinero que gané con esa consultoría lo invertí, y así como todo lo que entraba en Paraíso, en igual medida salió.

En ese entonces, todavía no caía en la cuenta de mi mentalidad tan limitada en cuanto al dinero, éxito, clientes, negocio y a la vida que merezco tener. Me decía, *«¿por qué será que puedo ver múltiples oportunidades en otros negocios, tanto ahorro, una operación tan fluida y fácilmente rentable pero ya no puedo sacarle más a Paraíso?»*

No te preocupes, sé que ha sido una historia muy larga con muchos tropiezos y desesperanzas, pero no te desilusiones, seguimos... Recapitulemos brevemente cuáles han sido las estrategias que había instrumentado hasta este punto de la historia de Paraíso Café: gran apertura y lanzamiento, novedoso concepto y menú, un equipo capacitado y muy capaz de muchísimas tareas, un asistente haciendo muchas de las actividades que se *debían* realizar, un sistema con búsqueda de proveedores e insumos nuevos todo el tiempo, menú renovado para satisfacer a todos los clientes que llegaran. También, menús y ofertas para los ejecutivos a precios tan bajos que casi no eran rentables pero *que atraían clientes*, promociones y descuentos en las plataformas más conocidas y con más tendencia en Panamá, segmentos de radio y tv, artículos y descuentos en periódicos, talleres y eventos con los mejores precios de alquiler de todo Panamá... Respiramos hondo y seguimos: el local lleno desde que abríamos hasta que cerrábamos, colaboraciones con múltiples emprendedores, apoyo a la sociedad, ideas para *merchandising* y venta de productos para una entrada pasiva y... entradas grandes de dinero proporcionadas por un trabajo externo que no me hacía para nada feliz.

Reinventando Paraíso Café

Imagino que, en este punto, por la manera en la que cuento mi historia, ya sabes que más adelante te voy a decir que nada de lo que hacía era lo correcto... *lo estaba haciendo todo mal...* ¡pero sigamos un ratito más con el entretenimiento!

Al fin y al cabo, ese fue mi mundo y mi mentalidad por muchísimo tiempo y créeme, un par de cosas interesantes siguieron surgiendo y quiero contártelas. ¡Te dará algunas ideas de cómo hacerlo mejor que yo!

«Si no puedes contar algo de tu historia puede ser porque aún no lo has superado...» (Misael Díaz)

Agrego también que, o te culpas por todas tus malas decisiones, o te arrepientes enormemente o te da vergüenza sacarlo a la luz... pero, en mi caso, puedo contar mi experiencia porque ya estoy en paz conmigo misma. Tuve que tomar ese camino para llegar a donde estamos ahora.

Podrás decir que podría haberme evitado muchos tropiezos si empezaba mis grandes cambios antes, pero el pasado ya está, no lo puedo reescribir.

Como leí en algún lugar: «*Ahora con todo lo que aprendí quisiera volver atrás y hacer las cosas bien... pero me doy cuenta de que, si hubiera hecho las cosas bien, no hubiera aprendido y no sabría lo que ya sé hoy...*», y en consecuencia ¡tampoco estaría escribiendo este libro!

¡Y hablando de él, te sigo contando! Entre tantas ideas, llegó una que iba a requerir mucho más esfuerzo, pero se sentía como algo diferente que no habíamos probado antes: sacar nuestra licencia de licores y extender nuestros horarios.

En definitiva, si nuestro local se llenaba y no recibíamos las ganancias que esperábamos, entonces era cuestión de funcionar más horas en el día y así tendríamos algo de esperanza —se supone—.

¿Significaría más trabajo para mí? Sí. ¿Más gastos de operación, planilla, luz, gas, costos adicionales del guardia de la plaza? Sí. ¿Posible descontrol, caos, tener que pensar en turnos dobles y medios y acomodar toda la organización? Sí... ¿Significaría un posible riesgo de que el local sufriera un episodio de inseguridad? Definitivamente... pero ¡teníamos que arriesgarnos y seguir probando cosas nuevas!

Si no, ¿cómo íbamos a encontrar ese sistema mágico para finalmente descansar y ver Paraíso Café con ojos de éxito? ¿Notas cómo aún seguía buscando el sistema o la fórmula mágica?

La idea de obtener la licencia de licores, extender nuestros horarios y generar muchas ventas a través de eventos corporativos y sociales sonaba muy atractiva... Como era de esperarse, fui tras ella.

Primero, cotizamos cuánto saldría la licencia y lo pensamos por muchos meses, hasta que nos decidimos y lo dejamos todo en manos de nuestro abogado estrella: Danilo.

Les cuento un poco sobre él. Llegó a nuestro café porque un gran amigo nuestro, Amael, lo recomendó. Danilo es un abogado muy capaz, realista y también notablemente ameno a la hora de charlar. Sobre todo, está siempre pendiente de asesorarte en muchísimos temas, cada vez que puede. Hemos encontrado en él y en su esposa, fieles clientes y a un gran profesional que consideramos como parte de la familia, aunque no nos veamos mucho.

En segundo lugar, pensamos en el cambio de menú y en hacer todas las pruebas porque ese sería ya el definitivo para ir con los cocteles y cervezas. Hablamos con muchas personas para patrocinios con sus marcas, desde vinos hasta Perrier, con un menú de cocteles interesantes sin licor.

Después de varios meses y de muchas reuniones, nada se concretó. En ese momento, aprendí que uno como emprendedor tiene una cantidad infinita de tareas por realizar en la búsqueda de opciones sobre las cuales puedes pasarte muchas horas.

Más adelante aprendí que no es necesario hacer de todo para triunfar, solo lo correcto, según cada persona y negocio. Al fin y al cabo, hay muchas tendencias, talleres, libros que te dicen qué es aquello que deberías hacer con tu negocio, pero solo tú sabes si realmente te tomas el tiempo de ver cuál es el propósito y el mercado al que quieres servir. De ahí es que puedes tener un norte, prioridades y tomar las decisiones con más claridad, como me pasó a mí, aunque mucho tiempo después.

En cuanto a los horarios nuevos... esta parte sí fue un poco complicada, en su momento, cuando aún tenía una mente pequeña y todos los obstáculos eran muy grandes para mí. ¡Ahora siento que era una tontería! Pero en aquel entonces, requería la realización de un análisis de la logística de operaciones que íbamos a necesitar. Entre los turnos dobles —con la dificultad que implica encontrar quien acepte esos términos— y el personal adicional que significaba más gastos en nuestra operación, además de pensar cómo y quién los iba a capacitar. También debíamos considerar los gastos de luz, seguridad de la plaza, entre otros que sumaban y sumaban… y seguían sumando.

Me imagino que, si tú eres emprendedor, a veces sientes que los gastos aumentan continuamente, mientras que obtienes el mismo volumen de ventas. O no sabes cómo surgir porque tus costos se incrementan permanentemente porque todo está cada vez más caro.

Hice mi análisis para la operación y traté de mantener mi mente positiva y abierta; si bien había más gastos, eran muchas más horas con el potencial de duplicar nuestras ventas y ahí empezaría a ver las ganancias. No contaba, o más bien quise ignorar, las horas muertas del local, cosa que te aconsejo tener en cuenta (¡un aprendizaje más!).

Mientras esperaba la licencia de licores, fueron pasando los meses y seguía haciendo las mismas actividades; y poniendo todo mi enfoque en ser creativos. Buscaba siempre exceder las expectativas y hallar clientes mientras tenía ese menú renovado: una carta de cocteles y horarios diferentes, con operación nueva. Todo en espera de ser liberados junto con la ilusión de que me mantendría a flote, con energías, por un tiempo más.

Era lo que llamaba *el que más aguante triunfará*, porque lo percibía como un juego, en el que no perdía ni ganaba, pero donde, si resistía lo suficiente, algo iba a llegar a salvarme justo en el último momento... Eso era lo que pensaba.

Lo que pasó después, es el comienzo de una historia linda... porque conocí personas que admiro y que estimo mucho hasta el día de hoy. Me introduje en el mundo de *John Maxwell*. Si no sabes de él, te cuento brevemente: ha escrito muchísimos libros de intención, vida, liderazgo, sueños y más. Maxwell fue mi segundo referente; el primero había sido *Brendon Burchard*, a quien he seguido desde el año 2015, en el ámbito personal más que en herramientas de negocios. Dicho esto, prepárate para conocer una historia breve de amistad.

Mi primer *approach* a las mentorías presenciales

Como les comenté antes, tenía un par de años siguiendo a *Brendon Burchard* —mi primer *coach*—y sabía mucho de sus clases de productividad, organización, de cómo tu entorno y tu comunidad afectan a tu crecimiento personal y profesional.

Podía sentarme horas a ver sus videos y a escuchar su voz tan vibrante y enfocada hacia sus metas. Me contagiaba y hacía que deseara ser como él: tener una vida muy balanceada y estar muy conectada con todas mis emociones; ellas me brindarían la energía para el día a día, para ver mis proyectos y mis metas con la mente siempre fresca.

Al principio veía muchos videos de *productividad*. Sí, estaba en esa onda de planificar todo a detalle y de ver cada día mis metas y el progreso significativo de cada una de mis áreas de desarrollo personal: familia, salud, crecimiento, finanzas, dicha, entre otras.

Compré y leí varias veces el libro *Motivation manifesto*, que trata de inspiración y productividad. Algo que recuerdo muy claramente es que allí habla mucho de la motivación como una energía que uno mismo crea. No es algo que llega, que necesitas encontrar o recibir para poder avanzar y que la disciplina es lo que nos mantiene moviéndonos siempre hacia adelante.

También recuerdo la importancia de honrar tu agenda, hacerte cargo de ella y, por ende, de tu vida. Tomar las riendas de tus cosas, no de complacer a todos con sus cuestiones *urgentes* que piden durante todo el día y apoderarte de tus asuntos diarios, de tus metas... de tu vida.

Luego, leí *HPX* (*High Performance Habits*) y quedé fascinada. Allí se reflexiona acerca de cómo monitoreando seis categorías de tu vida podrías disfrutar de un balance y permanecer muy conectada con tus ideales y, así mismo, transmitirlo hacia los demás.

Burchard hace mucho énfasis en el entorno que tenemos. Y cuando leí ese capítulo, me llegó. En ese momento dije que dejaría el libro en pausa para retomarlo después, porque sentía que tenía muchas cosas por resolver y que mi entorno no me dejaba crecer. Así no iba a poder seguir internalizando y practicando las demás enseñanzas que propone el autor.

Me dije a mí misma que apenas *saliera* de ese contexto o situación, podría entonces retomar la lectura para poner mi vida en orden, fácil y rápidamente. Dejé todo en pausa... para ser mejor, *después*.

Al parecer todo era más importante que traer felicidad a mi vida. Principalmente, tuve que darme cuenta de que la vida es una sola, y de que debemos ser mejor para nosotros mismos. Creer que uno vale la pena y que nada es más importante que la propia felicidad y el modo en que uno quiere vivir en este mundo. El *para después* se puede asignar a otras cosas menos importantes que mi persona... y ahora es que lo entiendo.

Escuché de mis otros mentores que tu éxito se resume a las cinco personas que más frecuentas, y si tal afirmación era cierta, yo tenía que hacer muchos cambios en mi vida, inmediatamente. ¡Lo sucedido en Paraíso Café después, fue justamente eso!

Es una historia muy graciosa, pero conocí a la que ahora es una grandísima amiga para mí... les hablaré un poquito de Cynthia.

Ella es buena escuchando y absolutamente leal; una persona que siempre quiere crecer y aspira a muchas cosas en su vida. Tiene un don especial para ver las cosas desde puntos de vista muy neutrales, es buena ayudándote a ganar claridad mental y emocional, a la vez que una gran compañía para compartir tragos, cafés, hamburguesas... En fin, es de esas amigas que todo el mundo quisiera tener y yo tengo el privilegio de decir que somos como hermanas.

Cynthia es una coach que estratégicamente usa sus talentos para ayudar a todas las mujeres emprendedoras para salir de su zona de confort. Las desafía a ser exitosas en sus vidas y en sus emprendimientos. Es psicóloga está tomando una maestría en psiquiatría, ¡un ser humano súper admirable!

Lideraba un programa llamado *Reinvéntate* que consistía en una serie de módulos, *masterminds*, terapia y más. Había talleres sobre varios temas como ansiedad, motivación, redes digitales, enfoque y otros.

El núcleo del programa era una *mastermind*[2] intensa, con obras de John Maxwell en el que Cynthia se había certificado para poder enseñar y otorgarnos un diploma al finalizar este proyecto. Entre los títulos que utilizamos para esta actividad se incluían las *Leyes indispensables del crecimiento*, *Vive tu sueño*, *Vivir intencionalmente* y *A veces se gana y a veces se aprende*, todos del mismo autor.

Cada libro venía con un *workbook* —que todavía conservo— y logramos hacer, en muchas sesiones, unos análisis introspectivos muy interesantes para darnos cuenta de pensamientos y creencias que no nos dejaban avanzar como queríamos.

---

[2] Nota de la autora: *Mastermind*: es un término que se utiliza para designar una estrategia de formación que consiste en reuniones periódicas de personas que, debido a que tienen unos objetivos similares, pueden compartir conocimientos y experiencia profesional para así ayudarse unos a otros a alcanzar sus metas individuales.

Hablamos de *la rueda de la vida* que, personalmente, fue reveladora para mí y me gustó muchísimo... El programa Reinvéntate incluía sesiones uno a uno con Cynthia para ver más a fondo cualquier tema que quisieras discutir. En ese encuentro, podías hacer lo que quisieras, desde *brainstorm* o lluvia de ideas, planificar tus metas, analizar cuáles son tus creencias limitantes, ver qué herramientas podías necesitar y qué talentos pulir para llegar a cumplir con tus metas y tus proyectos.

Allí conocí a muchas compañeras que, si bien no estaban en la industria gastronómica como yo, tenían casi los mismos problemas: sentían que no avanzaban, que no podían llevar sus proyectos al éxito o a los estándares que deseaban; sentían que se desmotivaban muy rápido o algunas cambiaban mucho de tema sin poder concretar con algo que ellas dijeran: «esto es lo mío».

Durante los espacios de mentoría, tuvimos la oportunidad de vernos cada miércoles y para mí fue una enorme oportunidad de poder brindarles Paraíso Café como el *hub* para todas esas sesiones.

Gracias al programa aprendimos muchísimo unas de las otras, nos apoyamos en momentos difíciles, compartimos ideas y aliento y, sobre todo, celebramos las victorias y logros de cada una. Vimos cómo solamente en seis meses todas habíamos crecido un montón; estábamos en distintos lugares de los ocupados al comienzo del programa. Esto fue muy reconfortante y sorprendente también. Incluso vimos cómo hablábamos y nos expresábamos distinto.

Lo más divertido, y en lo que todas concordamos, es que ¡la pasamos súper! No todo era trabajar o aprender, también jugábamos, tomábamos y echábamos cuentos. Era la mejor combinación de amistad, seguir nuestras metas, conocernos más a fondo, cumplir retos y objetivos, desahogarnos y tener una vez a la semana nuestro momento social de risas, llanto y travesuras.

Ese mundo de John Maxwell y las sesiones de coaching también me llevaron a conocer a Carlos y a Mirelis, otros personajes muy relevantes en esta etapa de Paraíso. ¡Presta atención!

Ellos son los genios detrás de *Business Academy*, pero en ese momento aún no existía la academia. Carlos es un asesor financiero muy poderoso, con el cual congenié por su forma de pensar y expresarse, tan clara y directa… ¡sin rodeos y directo a resultados!

Mirelis es una experta en ventas y me encanta cómo conecta con las emociones de los clientes. Es dulce y también muy asertiva; no tiene miedo a decir lo que piensa y da buenos consejos, con mucho tacto.

No recuerdo bien cómo llegaron a mi vida, sé que eran clientes y que también hacían talleres en Paraíso Café, a la vez que participaban de otros cursos dictados por diferentes mentores. ¡Ellos forman una gran parte del antes y después de Paraíso y vas a leer por qué!

Conectamos y de ahí empezamos una aventura súper interesante, llena de diversos momentos y que llevó a una amistad y una relación profesional que me encanta.

Si ya eres parte de la comunidad Paraíso, sabrás de qué hablo cuando una relación de clientes se vuelve amistad. Seguramente nos conocemos, hemos hablado de varios temas y ya te considero parte de la familia, incluso sin recordar cuándo fue la primera vez que conversamos.

Mirelis y Carlos realizaban varios eventos en Paraíso Café, pero empecé a participar de sus talleres en otros lugares. Eran sobre finanzas, crecimiento y otros temas.

Recuerdo cuando fui a uno y compré el libro *Fracasando hacia el Éxito*, de Juan Carlos Rodríguez y Enrique Canela (2021) y me gustó mucho, tanto que lo compartí con los chicos de Paraíso, a quienes, también, les ha ayudado mucho.

Desde entonces supe que quería tener a Carlos como asesor de mis finanzas, tanto personales como comerciales. Comenzamos nuestras sesiones individuales de mentoría, donde desde el día uno fue muy estricto y me sugirió —más bien, me obligó a— la lectura de dos libros: primero *El secreto de las mentes millonarias*, de Harv

Eker (2011) y segundo, *Piense rico y hágase rico*, de Napoleón Hill (2016, edición en español).

Recuerdo muy bien que los leía sin parar, me parecían fascinantes, pero, en este punto, puedo ver que no tomé el compromiso al 100%; fueron un libro más que leí, para luego seguir con las cosas habituales.

También en ese momento estaba pasando por circunstancias muy difíciles personalmente: habían mordido a Ron —mi perro— lo que le había creado una herida que tardó 10 meses en sanar, con limpiezas, complicaciones e idas al veterinario diariamente. Eso me mantuvo un poco fuera de mi eje emocional y de mi capacidad para tomar decisiones y el control de mi vida. Sí, aún no lo había hecho y tomaba cada situación *no tan buena* como excusa: la herida de Ron era otra más para no iniciar el proceso de transformación.

Si me pongo a pensar, siempre hay buenas excusas que no suenan como tales. Son los relatos perfectos para distraernos y justificar la existencia de muchas cosas importantes sucediendo como para enfocarnos en nuestro crecimiento y nuestra mentalidad. Tratamos por mucho tiempo de balancear las dos —nuestra vida futura y la actual—, y no decirnos a nosotros mismos que podemos crecer un poquito mientras seguimos en nuestra cómoda vida, con el mismo entorno, haciendo básicamente las cosas de siempre y sin subir de nivel.

Es decir, hacía lo necesario para mantenerme y lentamente progresar, pero nunca potenciaba, realmente, mi existencia para vivir llena de emoción, en conexión con el mundo, con comunicación, propósito, ayuda, servicio... No me posicionaba con todos mis sueños y metas alcanzadas, en un rol que me permitiera ser cada vez más y más felices, casi extasiada con ese poder y ese sentimiento de *alcanzar la cima del mundo* y de mi vida, en vez de solo *estar bien*. Creo que mucho de esta actitud tiene que ver con no saber si podemos lograrlo; tratamos de no *dañar* la vida mediocre que tenemos, por si la otra no funciona.

De la mano de Carlos, empecé a tomar pasos para tener el control de mis finanzas, pero algo pasó —excusa número cincuenta que ya ni recuerdo— y dejé de asistir a las sesiones. Seguía a la deriva y no había dejado ese *equipaje* que mi asesor mencionaba para referirse a todos los pensamientos del pasado: no ser suficiente, no prosperar; culparme por muchas cosas que ya habían pasado y que no tenían remedio. Todo eso en lugar de concentrarme en mi presente y mi futuro.

Como me gusta recapitular para saber que seguimos en la misma página... haremos el resumen de este capítulo y lo que hasta ahora ha sucedido, que ha sido bastante.

Seguí en Paraíso con crisis, crisis y crisis. Con el sentimiento de que trabajaba mucho y no rendía nada. Muchas estrategias nuevas; aplicar mucha productividad para buscar y ejecutar más y más de ellas. Llegar a una idea que incluye muchísimos cambios y cosas nuevas, licencia de licores, menú novedoso, eventos y horarios renovados… ¡Hola esperanza! nos encontramos de nuevo.

Mientras esperaba que el éxito llegara, sucedió mi iniciación en el mundo de las mentorías presenciales. Te hablé de Brendon Burchard, mentalidad de motivación, metas, productividad, cómo hacer muchas cosas y no cansarse, cómo balancear tu vida sin conformarte, cómo tener esa magia día a día mientras uno persigue sus metas.

Mentoría número dos, conocí a Cynthia, tuve otro *boost* de motivación con el programa Reinvéntate: meses luchando y proponiéndome muchas metas nuevas, haciendo talleres, etc.

Mentoría intento número tres, con Carlos en finanzas. Recibía ayuda de muchos sitios, pero solo comprometiéndome a medias, mientras la otra mitad se la llevaban las excusas.

Leyendo este resumen de mi historia me doy cuenta de que parece que estuviera dándole vueltas al mismo tema para tratar de darte pistas o enseñarte algo… Para preparar el terreno y después golpearte con el gran *boom*, con el propósito de crear ese sentimiento de expectativa que te haga decir: «*¡Ok, ya me convenciste, ¿qué paso después?!*».

No es esa mi intención; así fue como pasó realmente en mi vida. Di muchas vueltas, no bastó con leer un libro o cuatro, o con conocer alguna información y decir: «¡aha!»

En esta *era de la información* es muy fácil obtener respuestas a miles de interrogantes, y yo sentía que era muy buena investigando y obteniendo información. Lo que nadie me dijo es que estaba haciendo las preguntas incorrectas, a las personas incorrectas. Las más relevantes tenía que hacérmelas a mí misma; nadie podía decirme cuáles eran: esas son las que una vez comencé a hacerme.

Así empecé a conocerme de verdad —y sigo en ese proceso—, a la vez que vi dónde estaba, sin mentirme y decirme que no estaba *tan mal*, o que era más o menos aplicada y que sí tenía algo de éxito.

Luego me cuestioné a dónde quería llegar, aunque en ese momento mi visión a futuro estaba muy limitada, debido a tantas desilusiones que había experimentado y también a mi baja autoestima. De igual modo, analicé qué pasos debía dar para llegar ahí. Después, me pregunté si estaba dispuesta a tomar responsabilidad, sacrificar dinero, tiempo y, más que nada, mis pensamientos y hábitos que limitaban y saboteaban todo lo que quería hacer.

Y así es: el enemigo más grande es uno mismo y hasta que no lo aceptamos por medio de preguntas difíciles, rudas introspecciones y mucho tiempo para desaprender y soltar pensamientos negativos... no nos comprometemos de verdad. Y mientras no supe esto, seguí defraudándome a mí misma y viviendo una vida mediocre, tratando de justificarla al decir que así era la vida del emprendedor, o que por estar en el entorno erróneo no avanzaba. ¡Asumía una vida de víctima para no admitir mis propios errores y no responsabilizarme!

¿Cerrar o vender Paraíso? - Parte 1

Todo ese año tuve la dicha de tener la licencia de licores ya vigente, creé un menú de tragos, compré vasos hermosos estilo *Tiki*... Mientras tanto, Brahian, el salonero y *bar tender* estrella, se lucía con sus creaciones y ponía todo su potencial y creatividad en este Paraíso renovado —¿notas que no digo Nuevo Paraíso? esto es porque ¡aún no habíamos llegado a él—.

¿Puedes creer que muchísimas cosas aún estaban por pasar para llegar al punto en el que estoy hoy? Siento que han sido un cúmulo de acontecimientos los que sucedieron y escribir este libro me da la ilusión de que fue recién ayer.

Hice debidamente mi *gran reinauguración* para presentarle a mis clientes el nuevo menú de picadas y licores, las modificaciones en el horario y todo lo novedoso que había conseguido. Este relanzamiento incluyó también con un nuevo diseño de arte, creado por mis amigos María Camila y Alex, a quienes les voy a dedicar este pedacito de historia.

Nos conocemos desde hace muchos años y nuestra amistad, aunque nos hemos perdido un poquito, en cualquier momento y por cualquier situación se volvería a reconectar y así como así, ¡retomar donde quedamos! Ellos son unos personajes muy creativos y no lo digo sólo porque hagan arte que se sale de las casillas, que es nuevo, es inspirador y no es lo convencional. Nuestras conversaciones siempre han sido muy cautivadoras y podíamos hablar de casi cualquier cosa… todavía recuerdo que me contaron de sus deseos por asociarse con algo relacionado con café o con cerveza.

Luego puedo decir que seguí haciendo lo mismo, solo que de diferente manera: había creado dos menús nuevos, abría hasta tarde, tenía fotos lindas de cócteles y promociones clásicas como el *happy hour* de la tarde, eventos, etc., etc.

En ese momento pensaba que estaba haciendo cosas de peso y muy distintas a las que hacía antes. ¡Pero era más de lo mismo! Seguía buscando soluciones externas, incluso trabajaba mucho más… y a veces perdía noción de los días.

Y sí, era muy cansón, pero nuevamente, el lema *«amor por el arte»* seguía muy profundo en mi mente, y me daba esa perseverancia que honestamente pensé que era lo que más se necesitaba en este tipo de negocio.

Perseverar y perseverar y nunca darse por vencido era mi jugada mágica, mi supuesto diferenciador y el *dolor* que escogía día a día.

Mi esperanza era que, si aguantaba, cuando la *situación del país* mejorara, entonces yo seguiría ahí haciendo lo mismo de siempre que, irónicamente, nunca me trajo éxito, pero pues ¡aguantando! Pensé que estaba dando lo mejor de mí, sin saber que escogía mantenerme siempre en mi zona de confort, porque eso era: trabajar largas horas y perseverar, no darme por vencida le parecerá difícil a muchos… y lo era para mí. Sí, un *difícil* muy cómodo al que ya estaba acostumbrada.

Mi zona de confort

La zona de confort... te cuento brevemente una historia de cómo nos capacitan en cocina y atención al cliente en restaurantes y hoteles. ¡Si ya lo has experimentado pues podrías saltarte esta parte o puedes seguir leyendo por diversión!

Cuando trabajas varios años en la industria gastronómica y hotelera, ya sea en hoteles boutique o cadenas, restaurantes, eventos, catering, pop-ups... e incluso desde que te capacitan en la universidad, te inculcan que es muy normal trabajar entre diecisiete o dieciocho horas, con poco tiempo para descansar... Que lo normal es trabajar muchísimos meses, especialmente en los de apertura, sin días libres o sin remuneración adicional por las horas extras que haces semana a semana.

Claro, al igual que en todas las cosas, uno se acostumbra a aceptar ese trabajo duro como un estándar: es la normalidad, lo esperado de ti en cualquier posición de la industria.

Trabajé durante un año en *Mi Vida Café*, mi primer empleo. Era un cafecito muy pequeño con una cocina abierta aún más pequeña; abría el local, atendía, hacía producción, cocinaba los platos, preparaba los *smoothies* y, a la vez, cobraba y conversaba con los clientes.

Uno realmente hace cualquier cosa en su primer trabajo; como dicen por ahí, *él te escoge a ti y no al revés*. Sientes que estás en una posición donde todo lo que hagas o recibas serán muy valiosas enseñanzas para enfrentar el resto de tu carrera y tu vida de adulto.

De *Mi Vida Café*, administrado por Daniela, una chef argentina, vegana y todo un personaje, aprendí muchos valores y formé varios aspectos de mi carácter, que fueron cruciales para afrontar otros trabajos, más demandantes. Pensándolo bien, ese cafecito vegano en medio de la *Biscayne*, con sus platos únicos y coloridos, y la cercanía con los clientes, sus panes artesanales y los postres en sitio… ¡me parece una coqueta inspiración a Paraíso! Y es que Paraíso, en su esencia, reúne muchas de mis vivencias.

De aquel primer trabajo aprendí que no es necesario tener mucho conocimiento para emprender, pero sí, aprender en el camino y no esperar a que solamente la experiencia de una apertura de local te haga un experto en el tema.

Aprendí que, aun estando en Estados Unidos, el país donde hay muchas reglas y donde supuestamente, la mayoría de las cosas como los trabajos, son justas y no hay posibilidad de que se aprovechen de ti… Pues sí, ¡lo hacen! Fueron vivencias que debí pasar para que no volviera a sucederme más adelante, o de alguna peor manera.

Allí también vi muchísimos ingredientes locos y tuve el privilegio de hacer múltiples recetas interesantes con cosas que no sabía que existían... Definitivamente, era un concepto muy nuevo para mí, el veganismo; lástima que, en ese punto, todavía no sabía, aún, que debes apuntar todas las recetas que aprendes.

Salí de ese sitio siendo una persona un poco más asertiva que le dijo a su jefa: *«¡Gracias por lo que me brindaron, pero mi tiempo aquí ya se ha terminado!»*

En fin, no iba a contar esta historia, pero estoy fluyendo como si estuviéramos teniendo una conversación y, si algo me conoces, sabes que a veces me voy con la emoción de un tema a otro.

Después de *Mi Vida Café* llegó otro trabajo para el chef *Mike Reid* en *Area 51* y luego, vino mi gran experiencia con *Makoto*. Les contaré un poco de él.

Makoto es un chef sumamente divertido a veces, y otras quisieras no encontrártelo. Tiene grandes aspiraciones y, hasta el día de hoy, no siente que su momento ha terminado. Aún quiere dar mucho más: abrir muchos otros locales en el mundo e inspirar a más personas con su cocina japonesa.

Él siempre ve lo mejor en los demás y sabe reconocer mucho talento, pero no te lo dice en la cara, lo sabes cuando te pide que trabajes muchas horas seguidas y te lleva para colaborar en todos sus eventos y a conocer a sus amigos. Esta manera tan sutil de no decirte, con palabras, que te estima es lo que me da tanta risa de él, porque a su manera te muestra su aprecio: *sacándote el jugo* y exigiéndote tres veces más que a los demás.

Algo que me resulta gracioso de Makoto es su gran sueño: abrir restaurantes de comida italiana, ¡le fascina! Estoy sumamente agradecida por compartir conmigo mucho de él, no solo su visión y manera de hacer las cosas, sino su forma de ver la vida, su filosofía —porque él es un tipo muy filosófico—, sus chistes súper malos que dan más risa por cómo se pone de rojita su cara. También, su sentido del humor, cuando *muere de la risa* después de decirme que *Pharrell* es súper sexy para él... ¡Cómo olvidarlo! Gracias, chef, por inspirarme y enseñarme tanto.

Allí gané la velocidad, resiliencia y capacidad mental para sacar más de 3.750 platos por cada turno de 5 horas. Es increíble cuánto utilizan su mente y su memoria los chefs, y es algo que comúnmente la gente no sabe.

El hecho de coordinar varios platos en distintos tiempos, con tus compañeros que tienen los mismos tickets de las mismas mesas. Disponer, a la vez, cuáles tienen cambios de ingredientes —sin picante, no tan caliente, cambio de pollo por carne, sin aguacate, con extra o lo que sea— y organizar los tiempos de cocción y, simultáneamente, llevar un registro mental de qué ingrediente o producto se está acabando para avisar a producción… ¡es un lío! Y por eso te digo, querido comensal, si no sabes muy bien cómo trabajan las cocinas —y te puedo perdonar— que por favor no pidas tantos cambios, ¡nos pone loquitos! Y no se diga cuando devuelven platos porque ahí frenas un poco la fluidez y la lista en tu mente que tenías de cada ítem o tarea pendiente. Entonces, te detienes para ver qué ha pasado y cambiarlo rápido porque los demás invitados de la mesa ya están comiendo.

Pensar en alergias, en probar rápidamente los condimentos, en *re-stockear* toda tu línea: tus ingredientes cortados, tus salsas, tus decoraciones que, si se acaban en pleno turno, no hay de otra que preparar a la misma vez que cocinas y presentas. Todo ello mientras, constantemente, el chef te pide tiempos de mesas específicos o cambiarlas de orden, etc. ¡Guau, te puedo decir que extraño mucho esa vida! Dieciocho horas se pueden pasar como si fueran solo cinco e incluso ¡llegas a soñar con el sonido de la impresora de comandas!

Como te decía, la velocidad, la resiliencia, trabajar sin parar, la resistencia física y mental, la memoria, esa práctica de aguantar y aguantar… ¡yo ya la tenía dominada! Para mí, este fue mi entrenamiento y es, sin duda, *mi zona de confort*; sé que, si algún amigo me pidiera ayuda en su cocina caótica, correría en su auxilio ¡solo por diversión!

Pero, para realmente retarme a mejorar la situación tanto de mi vida como de Paraíso Café, necesitaba salir de allí y lanzarme al mundo del verdadero *dolor*: cambiar mi mentalidad y mis creencias internas… aunque, obviamente, no lo sabía en ese momento.

¿Cerrar o vender Paraíso? - Parte 2

Hasta aquí hemos ahondado mucho en otros temas que me parecen divertidos, pero que no siguen exactamente la línea cronológica. Quedé en que teníamos ya la licencia para comercializar licores.

Ese año, después de compartir muchos momentos lindos con las chicas de la mentoría del programa Reinvéntate, donde parecía que más gente llegaba y que con el licor lograba subir un porcentaje en mis márgenes de ganancia, seguía con ese sentimiento interno de que las cosas no estaban marchando bien: nada de lo que estaba haciendo funcionaba realmente.

Sí, puedo decir que había mejorado en muchos aspectos; manejaba un poco la ansiedad por querer hacer todo a la perfección, había mejorado en mi productividad, en empezar y terminar las tareas sin esa divina inspiración y motivación, había logrado ser más *líder* de mi equipo. Pero... ya sabrás qué diré: las cosas aún seguían más o menos... No mejoraba y mi más constante estrategia seguía siendo aguantar hasta que se *fuera la mala suerte* y quedara en pie para recibir la nueva buena economía. No sabía que, no solo no iba a venir, si no que me esperaba un gran golpe a la vuelta de la esquina.

En algún momento pensé que los lugares increíblemente económicos —como las fondas— y los lugares que tarjetean personas más *high end* —por ejemplo, restaurantes de $70 por persona, así como *Donde José*—, eran los que tenían mucho auge y movimiento mientras que los lugares *término medio* para el día a día sufrían con esas mesas vacías y se quedaban atrás. Y dije: «*¡exacto! eso es lo que pasa con Paraíso... ¿será que abro una fonda?*» ¡Mejor que no lo hice! Mi mente pasó por muchísimas teorías...

Ahora te contaré cómo llegué a la decisión de cerrar Paraíso. Luego de meditarlo y de un viaje que hice con mis padres tomé, la muy triste y desgarradora decisión de cerrar el local. Concluir con ese capítulo de mi vida que me había traído tanta ilusión, tristezas, diversiones, amistades, aprendizajes y, en fin, ¡tantas cosas que es imposible enumerarlas todas!

Aprendí que ser la propietaria de un negocio es ponerte mil sombreros: es aprender a tener criterio porque muchas personas te piden cosas que, a veces, no podrás cumplir; es saber llevar a un grupo de personas a un mismo fin; hablar de distintas maneras con distintos clientes; tener paciencia con los mil fallos en el servicio y demás, mucha fe en tu producto para así mismo transmitirlo a los demás. También es tomar más decisiones de las que uno piensa, todo el tiempo, a diario, sin parar.

Al mismo tiempo, es aprender a gestionar tus emociones, tu rabia, tu frustración para, entonces, dar la mejor cara para todos, ya que esa es la imagen de tu negocio. ¡Tú eres tu negocio!

Ya sé que tienes el *gran spoiler* del final de esta historia: Paraíso sigue abierto y mejor que nunca pero igual quisiera que, por un momento, vengas conmigo a ese momento, a finales de 2019, donde mi mundo, mi confianza, mi inteligencia y muchas cosas más habían colapsado; habían sufrido un gran golpe y estaban más frágiles que nunca.

Claro, yo siempre he sido una persona que, si tiene que comenzar desde cero, lo hace sin problemas porque sé cómo buscar y utilizar los recursos con los que cuento, a mi favor. Sé que mi creatividad puede superar cualquier situación negativa para poder estar bien. En ese momento sabía que podría sobrevivir a las diversas situaciones que me tiraran en la vida…

Hoy en día, después de todos los cambios de mentalidad, sé que no solo sobrevivo; surjo y tengo éxito en lo que hago porque parte de ese cambio me enseñó que uno no está en este mundo para sobrevivir, si no para vivir al máximo, con los grandes talentos que tiene, pero de eso te cuento más adelante.

Ven conmigo, estamos en el viaje de familia hablando con mi papá, pensando que los defraudé y que les hice gastar un montón de plata en mi carrera de chef y administración, ¡porque sí!! Hasta allá me fui. Amarré todo el fracaso que había experimentado con Paraíso y lo deposité en un lugar de mi mente, en donde mi tremenda lógica me decía que: 1) los negocios no eran para mí y que emprender no es para todo el mundo; 2) cambiaría de carrera ya que mi emprendimiento era la única oportunidad de ejercerla y 3) ya no iba a intentar hacer ningún otro negocio en la vida.

Créeme que ahora lo pienso, lo leo y me muero de la risa. ¡Puedo comparar esto mismo con el despecho amoroso! No sé por qué. Seré yo o seremos pocas personas, pero uno agarra ese fracaso en el amor o en otro ámbito de la vida y ¡lo toma de una manera tan personal! ¡Cómo si tu valía estuviese en ese proyecto, ese trabajo… o en esa relación!

Así me pasaba con mi Paraíso *break up*, yo sufrí como si Stephanie la chef y la empresaria, soñadora, creadora de ideas de negocios, también estuviese cerrando… para siempre. Y es muy gracioso cómo lo veo ahora, pero cuando estuve sumergida en esa situación, lo único que sentía era culpa, desilusión, un poco de vergüenza y más nada.

Pensé en los muchachos, en todas las movidas que tendría que hacer, en cómo empezar a vender las cosas y en qué haría después.

Mi papá estaba súper preocupado y triste también. Obviamente trataba de decirme que no, que nunca hay garantía de nada y que igual los primeros negocios usualmente no funcionan.

Mi mamá me daba ánimos diciéndome que buscara trabajo en cualquier otra profesión, que yo sería buena en cualquier cosa. Mis hermanos me apoyaban en todo lo que podían. Otras personas me decían cosas como: *«sabes, yo te iba a decir hace un rato que Paraíso debía cerrar»*; *«no todos pueden emprender y eso es normal»*.

¡Ok, voy a hacer una pequeña aclaración! No es para tirar odio a nadie, solo que, por alguna razón que tal vez no he sanado bien, me han quedado estos comentarios en mi cabeza y salieron a relucir en esta historia, pero me siento feliz de que las personas se preocuparan por mí, aunque fuese a su manera.

Lo irónico de mi mentalidad y lógica es que, mientras estaba en Paraíso, nada era directamente mi responsabilidad. Hacía lo que yo podía controlar y estaba segura de depositar mi confianza y razón en muchos factores externos que ya ni recuerdo. Pero luego pensé que el fracaso de Paraíso sí tenía que ver totalmente con mi carrera, con mis decisiones, con mi capacidad de manejar negocios y, en fin, conmigo a niveles muy personales. ¿Quién me entiende? Digo yo que… ¡debía ser al revés el pensamiento! Que no tenía nada que ver con mi persona y mi historia, sino más bien con mis pensamientos y con las acciones que tomaba cada día en Paraíso.

Pero si no hubiese pasado nada de eso, aquí no estaríamos, así que te sigo contando esta historia que, desde aquí, se pone un poco más linda, te lo prometo. Este momento fue la caída más baja, menos motivante y más depresiva de este libro.

Pensar que no tenía materia de dueña, jefa, creativa, chef y que iba a tener que comenzar de cero en otra cosa, era un sentimiento que puedo resumir como desalentador y sé que te ha sucedido a ti también.

Regresé del viaje con mis padres, le dije a muchos clientes que quería vender y estuve conversando con varios amigos y personas cercanas sobre el tema. Era enero de 2020. ¡Nos estábamos acercando a la pandemia! Pero espera, que todavía faltan bastantes cosas súper importantes que ocurrieron en dos mesecitos.

Todos los clientes estuvieron súper tristes con la noticia; la mayoría no podía creerlo porque veían que Paraíso se llenaba mucho e incluso algunos me decían que ¡tenía que expandirme! Usualmente, como hay tantas cosas detrás de las operaciones que no podemos ver, es muy difícil saber si un negocio está siendo exitoso o no. Es por eso por lo que traté de poner estándares visuales como guía: si hay mucha gente, el negocio va bien; si los dueños empiezan a viajar o a tener más pertenencias, el negocio va bien. Pero nadie sabe si realmente funciona o no el concepto que están trabajando porque, para eso, se necesita mirar bien desde adentro.

Para Paraíso, en ese momento, no estaba funcionando ni el concepto, ni la forma de trabajar, ni la metodología, ni las estrategias de mercadeo, ni las acciones de venta. ¡Qué te puedo decir! Nada transcurría en armonía y, a simple vista, no era fácil darse cuenta.

Antes de decirle a los clientes se les comunicó a los chicos del equipo Paraíso y ese fue un momento muy emotivo para todos, porque sabían que no estaba súper bien, pero…fue de golpe, un shock. La noticia les pegó fuerte porque a pesar de todo, de no saber cómo ser una excelente líder, todos los chicos estaban muy ilusionados, felices y comprometidos con Paraíso y también entre ellos. Realmente éramos una familia, y creo que eso era una de las pocas cosas que no estaba haciendo tan mal.

Cuando tienes equipo de trabajo, no solamente eres responsable de sus salarios o de la paga que llevan a su casa y a sus familias, de sus días de productividad, de sus ánimos dentro del horario laboral, ni de sus merecidas vacaciones y decimos…

Cuando eres el *líder* de un equipo de trabajo, tú eres el responsable de hacer que todo funcione, de saber cómo motivar a cada una de esas personas individualmente. Tú asumes la responsabilidad de que ellos se sientan inspirados y no obligados a hacer cualquier tarea o tomar cualquier iniciativa. Tú eres el responsable de promover que esas personas crezcan en su ámbito profesional, familiar, personal, espiritual…

Eres quien mantiene a flote el bote donde todas esas personas han dejado la tierra firme y se han embarcado en esta aventura contigo.

Ahora entiendo, más que nunca, que tus clientes internos que son tus colaboradores, son igual de importantes que los externos —los comensales— y, por eso, cuando di la noticia de que iba a vender, el bote se hundió un poquito, y todos en él sufrimos el *naufragio*.

Señales que me llevaron a *un milagro*

Algo muy curioso sucedió; una persona que pasó brevemente por la vida de Paraíso hizo que cambiara de rumbo. Y ahora siento —y me da escalofríos— que se convirtió en un buen cliente solo por un momento: ese preciso y mágico instante que fue suficiente para decirme que no vendiera Paraíso.

Me sugirió que buscara socios porque él consideraba que lo único que necesitaba era un apoyo, una ayuda. Me veía súper cansada y él, que también es dueño de un negocio, estaba convencido de que la clave eran ojos frescos, apoyo en las grandes decisiones y en las pequeñas; ideas nuevas, formas diferentes de ver el concepto e identificar las pocas cosas que debían cambiarse para que todo hiciera *clic*.

Y recuerdo que me dijo: *«Stephanie, tú no puedes salir de Paraíso, tú eres Paraíso»*. A esa persona le dicen *Gordo*, él y su esposa, mi tocaya, se convirtieron en clientes y frecuentaban Paraíso con los niños y su hermoso *husky*.

En cuanto lo escuché, sentí cómo todas mis emociones se revolvían porque era cierto; nunca fue lo que quise, solo lo que creía que debía hacer, después de experimentar el fracaso.

Pensé que estaba tomando la decisión correcta para el negocio, para mí y para todas las personas que me apoyaban. Como ya había culminado el tiempo inicial del negocio y sentía que había fallado enormemente, era hora de implementar ese plan B, C, D por el que siempre me preguntaba mi papá.

Aquí, otro aprendizaje: es muy bueno tener planes de contingencia, ¡buenísimo! Todos deberían tener uno o varios, para el negocio, para su vida personal o, básicamente, para cualquier meta que se hayan propuesto. Pero te sugiero que lo escribas y lo guardes en lo más escondido de algún lugar que nunca frecuentes —lo digo metafóricamente, en tu mente—.

Leí en algún sitio que para quitarte la ropa vieja y colocarte la nueva debes atreverte a quedarte desnudo. Y eso significa que no vas a estar juntando las prendas recién compradas, con las antiguas o con las de *por si acaso*, todas a la vez: debes soltar y quedarte desnudo para poder avanzar con seguridad.

Pocos días o un par de semanas después —¡sentí que fue inmediatamente!—, me escribieron unos clientes que iban todos los fines de semana a Paraíso. Nos habíamos convertido en conocidos y ya teníamos conversaciones un poquito más allá de lo que era la comida, los platos, etc. Supongo que es muy fácil conectar con personas que son afines a ti y que tienen mentalidades parecidas: la conversación empieza y fluye sin gran esfuerzo.

Les presento a *Alex* y a *Angélica*, una pareja de venezolanos. Unos chicos súper abiertos, transparentes, optimistas y muy agradables. Ellos me llamaron para conversar acerca de Paraíso ya que tenían varias cosas en mente para traer a la mesa y asociarse conmigo. Lo vi como una excelente oportunidad porque, por mucho tiempo, no había sentido un apoyo, una ayuda. Creía que, como yo era la que tomaba todas las decisiones de mi negocio, también debía tener la cabeza fría y objetiva para que no me dejara hacer locuras por emoción.

Te cuento: he aprendido que ser el líder y la persona responsable de todas las decisiones finales, procesos creativos, de sistemas por mucho tiempo, cansa y agota.

No quería más resolver todo sola, aunque fuera para escoger el macetero o las plantas. Además, en ese momento, tenía la errada mentalidad de que, si no lo hacía perfecto inmediatamente, nada iba a funcionar. Lo que más me generaba presión era que hacía muchas cosas bien y, como no veía los resultados, me decía de inmediato: *«no lo hice perfecto»*.

Era ese pensamiento de que debía hacer y dominar muchas cosas a la vez, sin considerar que hay procesos y oportunidades para cada etapa. Tenía la idea de que escoger el macetero, el tipo de planta e incluso analizar la luz que iban a obtener marcaría una diferencia muy positiva o negativa en todo el concepto. Y si, además, tú también eres de los que lo haces, entiendo tu frustración a la perfección. El nivel de estrés y de ansiedad que esto causa no es para nada normal, es pensar que tu poder de *arruinarlo* está en todo lo que se te presenta. ¡Menos mal que ya no pienso así!

Con Alex y Angélica recibí ese apoyo que necesitaba, aunque nunca se llegó a concretar nada formalmente, estuvieron allí incluso más tiempo de lo que pensé. Estuvieron día y noche, enviando ideas, haciendo cuadros de Excel, pensando conmigo y, lo más importante, ¡quitándome el peso de tantas decisiones del día a día!¡Guau!, no había apreciado la ayuda tanto como lo hago en este momento; solamente respirar y pensar en Paraíso como un negocio nuevo me revitalizó. El sentimiento que tuve de iniciar algo, esta vez, acompañada por dos mentes adicionales para ver todas las opciones que los proveedores enviaban, entre otras cosas, fue increíble.

Desde los uniformes hasta plataformas, servicios tercerizados como *Appetito24* —esto fue antes de que lo vendieran a Pedidos Ya—, las evaluaciones del personal, platos nuevos, recetas... en fin, la multiplicidad de cosas que puede ir dentro de la operación de un negocio: para todo contaba con Alex y Angélica.

Ese mes, febrero de 2020, facturamos más que cualquier otro, homónimo, y esto me dio mucho ánimo. No solamente por ver los resultados en números, sino en cosas no tangibles. Veía que se llenaba el lugar y que, con la mitad del personal, lograba tranquilamente atender y fluir.

Funcionaba de tal manera que cada persona estaba consumiendo más que antes: tenía más productos adaptados a esos tipos específicos de cliente. También, la ayuda para la toma de decisiones me hizo rendir muchísimo más y elevar mi propio nivel de productividad.

Ahora lo creo y lo sé: la productividad tiene muchísimo que ver no solo con la emoción —ya sé que vas a decir, sí... estar motivado, usar esa *inspiración* y demás—, sino con tener tu mente despejada del pasado, de malas decisiones, de lo que pasó con x cliente hace 30 minutos o de lo que dijo ese proveedor no tan amable el día anterior.

La productividad no tiene tanto que ver con inspiración sino con soltar el pasado, hacerle un *reset* a tu mente y, simplemente, *hacerlo*. También tiene que ver con que estés haciendo las cosas para el objetivo correcto y no solo porque otra persona te lo dijo, pero ese es un tema que en otro libro podríamos tocar.

¡Llegamos al momento de la pandemia!

Este capítulo va a ser el más corto del libro porque, en la calle, hemos hablado tanto de este tema por casi dos años, que no le quiero dar más poder, aunque sí fue relevante para el cambio que experimenté. Es increíble cómo pasamos de una motivación súper alta a luego dejar todo parado porque *era lo que todos estaban haciendo*, cuando llegó la *pandemia de Covid-19*.

Cerré el local el 15 de marzo (2020), esperando que este episodio de nuestra vida solamente durara cuatro o cinco meses y me senté a esperar: pensaba que lo hacía para aguantar, como todos los demás.

Al igual que muchas otras personas, me dediqué a mi tiempo personal. Lo utilicé para el descanso olvidado, los libros acumulados, esas clases o talleres para las cuales, en su momento, no tenía tiempo.

En Paraíso usé mi creatividad para lanzar las bandejas de comida familiares, porque en esos tiempos esa era la prioridad: la familia, ante todo. Tratábamos de apoyarnos unos a los otros —entre los negocios similares— mientras lanzaba ciertas promociones o buscaba maneras nuevas de facilitarles a nuestros clientes la vida con nuestras comidas y nuestros servicios, usando la tecnología.

La salud mental y física de las personas, estaba muy frágil y el dolor se veía por todas partes. Las calles estaban vacías y, en cierto modo, mi pareja y yo llegamos a disfrutar eso. Poco a poco dejé el negocio en pausa y también mi crecimiento personal, pensando que sería hasta que pudiera salir de esto. Por unos buenos meses *sobreviví* solo con la mente puesta en lo que hacía el gobierno, el virus, lo mal que estaba la gente, los negocios, la calle, el planeta...

Al tiempo, tuve que llamar a Marlin y a Irving que era con quienes contaba antes de la pandemia, para decirles que ya no podría seguir pagándoles sus quincenas; había agotado el tiempo de vacaciones y pues, la decisión final era porque no tenía suficiente para mantenerlos.

Ahora que lo pienso, todas las estrategias que utilicé fueron para más o menos no terminar de *morirme,* porque ya estaba mal; la decisión de soltar a mis chicos fue lo que más me lo demostró.

Mi pensamiento en esos meses fue muy negativo o de no sacrificar, no perder: no invertir o trabajar mucho porque igual *«la economía no se estaba moviendo para nadie»*, me repetía.

Como dije, no me voy a demorar en este capítulo porque muchos aún están viviendo ese círculo negativo de incertidumbre. Aunque casi la mayoría de los locales sí han abierto, seguimos con reglas que nos recuerdan que no hemos salido de esta emergencia global.

Con Gian —mi pareja de entonces—, comencé a vender la famosa *Lasaña de Plátano Maduro* que ya tenía en el menú porque era lo que más se movía. Te cuento la historia que nos llevó a eso.

Primer incidente: Mi amiga Yoly me contó que la clave estaba en el nicho, en hacer algo súper específico. Comentó que uno de sus clientes —no mencionaré aquí su nombre—, como solamente vendía para un público muy cerrado que practicaba *el estilo de vida Keto*, estaba consiguiendo increíbles resultados.

Segundo incidente: Vimos una cuenta donde vendían arroz chino venezolano. Solamente comercializaban un producto, a un solo precio, incluso creo que ¡tenían un único tamaño! Y dije, *«¡Guau! con lo que pasó hace una semana y viendo esto, realmente creo que esa es la clave»*.

Resultado: Un Instagram de la *Lasaña de Plátano*, dedicado solo a vender lasañas —de carne, atún, chorizo o la combinación de ellas—. Las colocamos súper económicas y buscamos en toda la ciudad los mejores ingredientes a buen precio, teniendo en cuenta una operación fluida, que fuera rentable y posible de realizar entre dos personas solamente.

Trabajé mano a mano con Gian las primeras semanas, lanzamos ofertas aquí y allá, ¡estuvimos en *Oferta Simple* y *Gustazos*! Lo poco que ganaba sin cobrar nada, ayudó a pagar todos los gastos obligatorios del local y, al fin y al cabo, digamos que quedé en *breakeven*. Pero, la lasaña no ayudó tanto financieramente como lo hizo mentalmente. Tenía algo en qué pensar, en qué enfocar mi estrategia, en qué trabajar. Esto pienso que es vital para cualquier persona, por más introvertida que sea y que le guste estar en su mundo, con sus libros, con sus cosas. Porque la mente deja de funcionar, se queda dormida. Nos volvemos perezosos, perdemos la práctica y estoy segura de que todo esto lo vivimos y lo descubrimos al estar tanto tiempo en esta situación pandémica.

Parecía que estaba haciendo un par de cositas bien. Paraíso Café abrió en horarios súper restringidos; no podía atender adentro del local, solamente era comida para llevar. Ya mi mentalidad no estaba tanto en el *¿por qué hacerlo si no va a funcionar?* y se había llenado un poco de energía para volver a intentarlo.

¿Recuerdas cuando te dije que era súper perseverante y resiliente? Aquí hay una prueba más.

Estuve sola por un tiempo, Gian ya había sido llamado para trabajar, una excelente noticia. Vendí empanadas, jugos prensados, dulces y muchas cosas que podía despachar solita. Hablé y reconecté con muchos fieles y solidarios clientes; de verdad que había extrañado ese contacto humano que tenía meses sin experimentar.

Luego, llamé a Irving. Él no es chef de profesión, ha trabajo en restaurantes, pero siempre ha tenido puestos algo bajos o ninguno real de mando. Me ha sorprendido desde ese momento —y lo sigue haciendo— porque no solamente es sumamente responsable, sino que es muy dedicado y organizado. Lo que más admiro de él es su determinación e iniciativa: para hacer las cosas bien, para reorganizar sus tareas en sus días, crear nuevos métodos de producción, notar cuando algún proveedor está cobrando de más o trae algo que no es lo correcto.

Irving estuvo y presenció todo mi cambio de mentalidad, donde ver oportunidades y actuar desde lo que es realmente mejor para el cliente y para mí, es lo más importante. Ha tenido la capacidad de aprender, adaptarse, de soltar creencias y hábitos viejos para reemplazarlos con nuevos. Ha ido a la par conmigo en muchos procesos y puedo, genuinamente, confirmar que él está preparado para cualquier rol que le pongan en su camino.

Unas de las estrategias extrañas que implementé fue abrir al público —con aforo— los viernes, sábados y domingos. Los demás días de la semana solamente se vendía a través de *take away* o *delivery*. De esta manera, además de que no se gastaba significativamente en operaciones, unía a muchas personas y tenía fines de semana súper óptimos. Toda la producción se vendía, no existía la merma, los clientes tenían un servicio de mucha calidad los tres días, los empleados estaban bien descansados para ir a trabajar menos jornadas en la semana y yo también descansaba más. Tener tanto tiempo, aun produciendo y vendiendo, me daba la oportunidad de ver el negocio desde afuera y de implementar muchas estrategias de organización y cambios que eran primordiales. Todo esto con la mente fresca para tomar las mejores decisiones y no dejarme llevar por la presión o la urgencia del día a día.

Abrí así por unos meses hasta que me tocó otro cambio, otro *obstáculo*. No les contaré la historia completa de mi rodilla, ni de cómo me la lesioné porque es irrelevante para esta historia. Sin embargo, en el sistema de salud abrieron nuevamente las cirugías programadas y pude entrar para operármela. Este tiempo de intervención quirúrgica y de recuperación es súper relevante para la historia, prácticamente afianzó las creencias nuevas que ya estaba aprendiendo y te cuento por qué.

¿Recuerdas que te dije que ya había tenido mentores y había hecho *master minds*, talleres de grupo, etc.? Bueno, piensa en eso porque lo que sigue es una continuación de esa etapa.

El inicio de la nueva historia

Llegó Business Academy. Si lo hubiesen hecho antes o en cualquier otro momento, esta historia no sería la que es ahora. Soy fiel creyente de que las oportunidades siempre llegan cuando uno está 100% abierto a recibirlas y ahí es que las energías convergen y la magia se da.

Llegó en un momento de mi cirugía, mi reposo, cuando veía que lo tradicional o lo conveniente ya no me estaba funcionando y me sentía cansada de seguir intentándolo de esa manera. Lo único que recibía de satisfacción es que seguía siendo una persona sumamente perseverante e intentaba lo que fuera para mi negocio, pero luego vi que lo hacía desde el ángulo errado.

Con Business Academy empecé el *Master Mind* del libro "Secretos de la Mente Millonaria" y, a pesar de que ya lo había leído, esta vez hizo una explosión en mi cabeza. Y es que lo tomé en serio, ¡esta vez de verdad! Me dije a mí misma, que si todo lo que había hecho hasta ahora no había dado resultados, era hora de meterse de lleno en algo... pero debía hacerlo bien, no a medias, no con un pie afuera por el clásico *¿y si no funciona?*

Me tomé en serio cada página, cada palabra y, además, tenía todo el tiempo del mundo, así que me comprometí de verdad. Digamos que tuve más disponibilidad en la pandemia, pero el factor decisivo realmente nunca fue el tiempo libre, sino la valentía de salir de mi zona de confort y atreverme a cambiar por completo, a quedarme desnuda.

Fue allí donde descubrí que me mentía a mí misma, comenzando por el hecho de que nunca me había comprometido de verdad con mi crecimiento personal, y que utilizaba un repertorio de excusas para no tomar el control de mi vida.

Decidí cerrar los días de semana por el mes de noviembre y dirás, *«¡Guau! es un suicidio de negocio»*, pero no: todo fluyó como debía hacerlo. En el camino, hice cosas muy importantes y empezó la transformación: *un antes y un después*, pero todavía no lo sabía.

Cambios reales: hacia mi conexión conmigo y con el mundo

Nunca había experimentado un cambio tan potente, y con tantos resultados tangibles desde las primeras dos semanas en que me metí de lleno en esto. Esa estrategia de hacerlo *por encimita* era mi propia manera de autosabotearme porque, en el fondo, no estaba preparada para enfrentar esa gran responsabilidad y vulnerabilidad, de mi parte, en todo lo que me estaba sucediendo. Quería resultados, sin sacrificios y cambios sin dolor... pero ya estaba preparada para dejar esa actitud atrás.

Encontré el verdadero sentido de la vida —de *mi* vida— y supe que el secreto está en descubrirlo: se crea. Pasé de ser una víctima a la que todo le afectaba, que tenía mil excusas para lo que cumplía o no, para quien la situación económica era la mayor razón de no despegar en mi negocio y en mi vida personal, a *crear* una realidad realmente maravillosa, en donde las riquezas, oportunidades y *magia* puedo visualizarlas en cada momento, persona o cosa que me llega.

Y dirás, *«¿realidad o ilusión?»* Seguro estás pensando en que todo esto es solamente mi percepción de la vida, desde mi punto de vista; sin embargo, las cosas malas del planeta no desaparecen... Pero te digo, aunque tengas una percepción *realista* de todo, que más bien es pesimista si somos honestos, igual ellas también seguirán sucediendo en el mundo. Tu mentalidad negativa te lleva a estar mal y a no lograr las cosas que quieres, a no estar ahí para las personas que necesitan de ti, de tus talentos.

Entonces, dime, ¿qué prefieres? ¿una percepción positiva, mágica y llena de propósito o una percepción negativa, llena de pereza y procrastinación...? Porque ninguna de las dos cambiará el mundo, pero sí cambiará tu vida y lo que puedes lograr con ella.

Empecé a entender y logré internalizar esto, entre muchas otras cosas; pero sé que es un proceso que toma tiempo: es un trabajo constante y puede que dure toda la vida, pero es cada vez más satisfactorio.

Mi ilusión: una vida donde tengo un rumbo tan claro; cada vez que pierdo claridad, tengo un entorno y un soporte que me lleva rápidamente al enfoque y a saber qué cosas hacer y por qué. Todo con un gran sentido de propósito que nunca creí posible experimentar. Ya no busco ese negocio, esa estrategia, esa herramienta, ese conjunto de colaboradores para que todo despegue.

Ahora sé que la responsabilidad recae total y absolutamente en mí; solamente *yo* puedo darle *dirección, conexión constante y progresiva a mi vida* o puedo culpar de todo a los demás y nunca avanzar. Y esa clave de responsabilizarme fue dando resultados visibles en Paraíso Café, donde empecé a trabajar menos, pero con resultados más notorios. Me puse a mí, a mis talentos, a mi carácter y capacidad de resolver con creatividad cualquier problema en primer lugar, y todo lo del negocio, luego. ¡Y vaya, que esto hizo toda la diferencia!

Me siento tan feliz de tener ahora una vida donde sé los pasos que debo seguir —o cómo crearlos— para todo lo que necesito y ser cada día mejor. Estar más conectada, generar mejores relaciones y, claro, no hay que dejar por fuera los mejores ingresos 💰😁… Cada día crecer más y mejorar la vida de muchas personas en el mundo con mis talentos y haciendo lo que más me encanta es un sentimiento de dicha, emoción y satisfacción que no pienso soltar. Y pensar que antes creía que, si me dedicaba más a mí, eso significaría descuidar el negocio. Pero, definitivamente, aprendí que más bien, es todo lo contrario.

Y es que descubrí un conjunto de cosas que hago desde lo más profundo de mi bienestar, para ayudar y servir a todas las personas que están alineadas con mi propósito —que es eso que tanto amo hacer—.

Y ahí estuvo la clave para el negocio. De los miles de actividades que hacía, solamente dos o tres de ellas eran relevantes para mi propósito.

Dejé de realizar muchas tareas que eran innecesarias, para enfocarme con más ánimo y claridad en las que sí importaban y me traían un negocio rentable, funcional y fluidez operacional con todo el personal. Reduje el tiempo de tomar decisiones por más de la mitad, porque ahora veo lo fácil que es si considero cuál es mi cliente y cuál no, sin importar las tendencias o lo que pueda suceder alrededor. Esa claridad es saber qué es urgente y qué es importante, delegar las cosas correctas, ver el trabajo por sus resultados y no por sus horas invertidas. Y, sobre todo, utilizar mi tiempo pensando con positivismo, creatividad y enfocada en los aprendizajes. Es increíble darme cuenta de lo mucho que desperdicié hablando o pensando en cosas que ya eran parte del pasado y no de la solución.

Para llegar a ese estado mental fueron fundamentales, y lo siguen siendo, muchas cosas que le quiero mostrar a *mi Stephanie de hace cinco años* y que voy a compartir, poco a poco, en mi cuenta personal de Instagram. Esto es: desde cuáles libros leí, en qué orden, qué fui aprendiendo y todos los pasos de las metas que tomé para llegar a donde estoy hoy. Porque algo es muy cierto, desde que empecé a escribir este libro, mi vida ha ido a tantos lugares —y seguirá yendo—, que nunca voy a alcanzar el final porque cosas maravillosas siguen y seguirán sucediendo para mí.

Todo esto para mí ha sido como una transformación intensiva y si eres de esas personas que se enfocan en las cosas más tangibles, de resultados y números concretos. Te comparto información que es algo íntimo, pero que funciona como ejemplo para que veas la magnitud de la transformación.

Mi crecimiento en resultados:

- Mi salario incrementó un 80% y cada tres meses lo aumento considerablemente.

- Pasé de trabajar seis días a la semana, entre catorce y dieciséis horas diarias a emplear no más de seis horas al día, con uno o dos días semanales de paseo, diversión y total desconexión... y, aun así, obtener mejores resultados medibles. Y trabajo incluye generar ideas para el negocio, contestar a clientes, pensar en estrategias, leer y asistir a talleres para el negocio, etc.

- La rentabilidad aumentó de un 18% a un 34%.

- Mi equipo ha cumplido —y está cumpliendo— sus metas personales mes a mes.

- Las estrategias de mercadeo han sido optimizadas más de un 15%.

- Los costos de insumos han bajado de un 30% al 18%.

- El ticket promedio de venta se ha multiplicado por un 1.5 debido a que ahora nuestros clientes son exactamente parte de mi nicho y todos los productos y servicios van dedicados en detalle a ellos logrando así una máxima conexión.

- He logrado cumplir metas para Paraíso, metas profesionales y metas personales que había arrastrado por varios años, sin ver la luz de cuándo podría llegar a cumplir

Y ahora dirás, *«¿quién es esa nueva Stephanie?»*

¿Cómo logré todo esto?

Mis cambios no pueden resumirse para que solamente con este libro lo puedas entender y vivenciar por completo, tienes que vivir tu propia historia. Pero sé que tienes curiosidad por conocer qué fue lo que funcionó conmigo y te lo digo aquí, de forma transparente:

1. Business Academy. Realizar tareas todos los días, de lunes a viernes, me sacó de mi zona de confort y empecé a hacer cosas por mi compromiso con los demás. Solté la idea de realizar lo que era correcto en el momento exacto y aprecié mucho más la creación de hábitos. También me alejó de la presión que significa hacer todo por mí misma, según yo, conmigo como mi propio juez y la única responsable... eso era mucha presión.

2. *Secretos de la mente millonaria*. Leído, releído y tres veces vuelto a leer. Este libro marcó *el antes y el después*. Todo sobre cómo pensar el día completo como una persona con riquezas de diferente tipo y en múltiples niveles. Descubrí que todo lo que necesitaba para que Paraíso fuese exitoso ya lo sabía y había intentado aplicarlo en cierto nivel. Lo que

estaba mal era el núcleo: mi mentalidad. Una de indecisión, de no saber mi valor, de hacerlo por *el amor al arte*, de conformarme, de sabotearme.

3. Hábito de las 05:00 AM. Estar en silencio durante las dos primeras horas de mi día, meditar y ejercitarme, empezar con una inmensa claridad hizo un gran cambio en mí. Este hábito tuvo un gran impacto además de hacer que pudiera procesar mucho más rápido todos los libros y las enseñanzas que estaba recibiendo.

4. Brendon Burchard. Él me enseñó a ocupar tanto tiempo libre que tenía en cosas más productivas que tuvieran que ver con mi vida soñada. Me di cuenta de lo mucho que podía hacer en un día y de que, finalmente, podía aplicar todo lo que había visto de él, todos sus métodos y sistemas, que antes no lograba conectarlos con mi realidad.

5. *Creando una nueva historia*. Un libro que me ayudó a mantener mis convicciones de no ir hacia atrás. Misael es muy dedicado a seguir sus metas porque son su vida y él sabe que los límites que las demás personas desean imponerte solamente te controlan si tú les das ese poder.

6. Headway, muchos resúmenes de libros de 15 minutos. Tomo lo que me funciona y lo que no, lo dejo de lado. Te recomiendo *Profit first* y *The power*

of now como los primeros libros que me ayudaron mucho a nivel personal y en mi carrera.

Mis cambios y aprendizajes más importantes

El valor personal

Lo que más me tocó fue el valor y me he propuesto cambiarlo, me ha traído resultados inmediatos y he visto que todo lo que me llega parece ser coincidencia, casi mágico. Cuando abrí mi mente y mi corazón y acepté estar vulnerable, aprendí a ver cómo era yo. Comprendí que valgo mucho y eso significa una lista extensa de cosas.

El valor tiene que ver con la autoestima, con aquello que escoges hacer, con las personas que decides dejar entrar a tu vida, y con las que solo pasan porque no te valoran cómo eres o puedes llegar a ser. Saber que vales es saber que no tienes que decir *sí* a todo, aunque sea *gratis* porque cada cosa tiene un costo, solo es cuestión de saber cuál es.

A continuación, te cuento los costos que puedo sacar de mis experiencias:

- Estar con personas con las que no conectas = perderte momentos de conexión máxima que sí puedes tener con las personas correctas.

- Aceptar oportunidades con las que no conectas = perderte oportunidades 100% tú.

- Vender a todo tipo de clientes = perder energía, insumos y esfuerzo para quienes sí son tus clientes verdaderos.

- Dejarme afectar por cosas que están fuera de mi control como la política = perder la oportunidad de sentir que hago el *bien,* ser feliz y productiva.

- No practicar mis valores = dejar de ser yo en un momento de mi vida.

- No ponerme sueldo porque el negocio no da = decir que el negocio que puse en funcionamiento y que manejo no es capaz de retribuir mi trabajo.

- Ver Instagram o Netflix cuando tienes pasos que accionar para alcanzar tu meta = no llegues a tu meta

- Estresarte por el dinero = el costo de ser controlado por el dinero, en lugar de usarlo como herramienta.

Simplemente aprendí que... *tu valor es ser la versión máxima de ti, con lo que amas hacer*, con tus intereses por encima de todo, tu tiempo empleado de la mejor manera para ti, tus pensamientos dándote conexión y felicidad en vez de estresarte. No podemos controlar a los demás, *ellos serán ellos*, pero nosotros somos los únicos que nos podemos dar nuestro valor y saber cuánto estamos dispuestos a sacrificar por eso.

Recuerda: tu negocio y tu dinero debe trabajar para ti. La tecnología, también. En el momento en el que dices, no puedo soltar el Instagram, ¡el Instagram no te está sirviendo! Esa red social está siendo más importante o de más valor que tú mismo, que tu tiempo y tú eres quien le da ese valor. Las cosas materiales te deben servir a ti, hacerte feliz, no lo contrario. Lo mismo pasa con las situaciones y las personas: o te sirven para ser feliz o te perjudican en tu camino, no le debes nada a nadie, vive tu vida y solamente la tuya.

La nueva Stephanie y los sueños que acompañan

Nunca he sido de mostrar mi cara o a mí misma en videos, pero creo que parte de las cosas que ha cambiado la pandemia, para mí, es reconsiderar esta exposición que me daba tanta pena y miedo. Y es que siento que quiero ser un ejemplo, lo mejor para las personas que conecten conmigo, deseo inspirar y hacer que quienes conozca saquen un pedacito de mi alegría, pasión y optimismo, y que les ayude, de alguna manera, en sus vidas y negocios.

Por fin entendí que la mejor manera de hacer eso es siendo *yo misma* y que la exposición, a través de medios digitales, no es nada para temer. Ello es solamente una herramienta para que, cualquier persona donde esté, reciba lo mismo como si vinieran a Paraíso y tuvieran una conversación conmigo en persona. Dejé de verlo como algo súper retador e incluso intimidante, y lo comencé a ver como un *impulso* para ayudar e inspirar a más personas, con lo que soy hoy día, lo que he vivido y lo que voy aprendiendo en el camino. Pues también es cierto que no puedo clonarme y hablar con todos. Y fue lo que pasó en Paraíso a medida que viajaba en esa aventura del cambio, cuando todos me preguntaban qué estaba haciendo, cuál era la historia, en qué estaba diferente. Porque ciertamente mi cambio se refleja en mis resultados e incluso en toda la vibra que transmito.

Pensamientos

El segundo cambio primordial, para mí, fue descubrir el gran poder que tienen mis pensamientos sobre mis acciones, mis hábitos y, por ende, mis resultados.

Comencé practicando para el ámbito de los negocios, pero realmente no puedes colocar un tipo de mentalidad, valores, pensamientos en un bloque de horas al día, luego apagarlo y desconectarte. Y algo muy difícil por lo que pasé fue que esa nueva manera de pensar me alejaba —y me alejó— mucho de las personas que frecuentaba, y de mis seres queridos.

Mi mente no podía dejar de ver lo negativo y lo enfocado en el pasado y en los problemas que era todo mi entorno y dije «¡guau!», yo también era así pero antes no me daba cuenta. Yo decía las mismas cosas, desperdiciaba mi tiempo de idéntica manera y luego no tomaba responsabilidad de mis pensamientos o mis acciones; me volvía a quejar, sin lograr nada mientras la vida pasaba frente a mí.

Soltar y confiar

El tercer cambio más importante de todo este proceso es aprender a *soltar*: a ir paso por paso confiando en que lo siguiente también es parte del cambio y que das todo lo mejor de ti sin ninguna garantía, porque la única de que dispones es que tu vida sea buena y feliz.

Aprendí a soltar el dinero, las ganancias, el tiempo, el pasado, lo que hacen los demás. No debería decir *aprendí* porque todavía hay un camino muy largo por recorrer: tengo toda mi vida para cumplir con cada fase dentro de mi proceso. Hoy sé que la ansiedad te puede dominar: que todo sea perfecto, que lo puedas hacer en un mes, que «*si*

estás aprendiendo sobre ventas te estás perdiendo de saber sobre operaciones». Pues no es así. *Aprender que soltar* es lo más sano que uno puede llegar a hacer, dejando ir y enfocando solo en el presente, pero con una idea clara de la dirección del futuro.

Ejemplo: si empiezo un libro o una clase por la cual, en su momento, aboné un dinero, si no me gusta, lo suelto en vez de quedarme atrapada en el hecho de que pagué por ello o en que ya completé la mitad del curso y debo terminarlo. Estamos llenos de esos apegos a las cosas, al pasado, a las personas, a los hábitos, a la manera de hacer, al control.

Lo que me gustaría decirte es: Atrévete a cambiar de dirección sin perderte, porque tú tienes el poder de regresar. Ten la confianza de construir un mundo, un entorno en donde puedes ser tú mismo, con tu carácter y tu asertividad, que nada ni nadie se interpondrá en tu camino. Esta seguridad en tu potencial hará que comiences a ver que el mundo está lleno de oportunidades, buenas y malas, pero que son circunstancias que puedes sobrellevar y son parte de ti.

Cada uno de nosotros tiene la misma capacidad para cumplir cualquier meta; todo está disponible en esta era de la información, sabemos que para conocer de un tema debemos leer sobre él; que para tener salud debemos ejercitarnos y comer saludable, conocemos cuáles son las comidas malas y buenas. Pero no confiamos en que nosotros seamos capaces de lograr aquello que nos proponemos y, por eso, nos quedamos dando círculos por encima, mientras lo deseamos, pero, a la vez, nos quejamos de que no suceda y tiramos una que otra excusa.

He compartido, hasta aquí, lo que he aprendido —y sigo aprendiendo— en el camino; son conceptos y experiencias prioritarias que me han llevado a un cambio revelador.

Sé que esta no es mi mejor versión, todavía estoy muy lejos de ella, pero me siento realizada con cada paso que doy, con perdonarme los días en los que no avanzo. Disfruto saber cuál es mi mejor *yo* o, por lo menos, en qué dirección quiero ir y hacerlo *con todo* sin mirar atrás.

Sé cuánto valgo y que solamente yo me daré ese valor, nadie más lo hará. Y, al ir por mis metas, estoy honrando mi valor y cumpliendo conmigo misma, que es a la única persona a la que le debo una vida de felicidad.

Ahora, mi mayor reto es soñar en grande; mis ambiciones se han quedado cortas al lado de todo lo que estoy logrando. Este no sólo ha sido la historia del Nuevo Paraíso sino más bien de la *Nueva Stephanie*. ¡Te quiero mucho!

Made in United States
Orlando, FL
11 October 2024